LA

Maison Livet

ET LA

MAIRIE ALFRED RIOM

PAR

TH. LE GOURIÉREC
Ancien Rédacteur de L'OBSERVATEUR

NANTES
IMPRIMERIE BOURGEOIS
57, RUE St-CLÉMENT, 57

1897

LA
Maison Livet

ET LA

MAIRIE ALFRED RIOM

PAR

TH. LE GOURIÉREC

Ancien Rédacteur de l'OBSERVATEUR

NANTES
IMPRIMERIE BOURGEOIS
57, RUE St-CLÉMENT, 57

1897

AVANT-PROPOS

Tant que M. Livet a fait la guerre à ses risques et périls, nous n'avions rien à dire. S'il plaît à un particulier de prendre pour devise : l'*Audaces fortuna jurat*, d'aller aveuglément et témérairement de l'avant, au risque de *faire au bout du fossé la culbute*, c'est son affaire et cela ne regarde que lui et ses créanciers. Quant au public, il n'a rien à y voir. C'est pourquoi nous nous sommes tù au sujet du cas hasardeux dans lequel s'est mis M. Livet.

Nous attendions la fin, nous contentant de sourire à la vue de tout l'encens brûlé sous le nez d'un seul homme. Il y avait de quoi rendre jaloux tous les dieux de l'Olympe et épuiser tous les parfums de l'Inde, de l'Egypte et de l'Arabie.

Qui ne se rappelle les distinctions honorifiques, les subventions, les bourses, les privilèges de toute sorte qui ont été prodigués à cet enfant gâté de l'enseignement libre? Il n'y en avait que pour lui et son école ; c'est à peine si l'on faisait de temps à autre l'aumône d'une mention au Lycée et à l'Ecole professionnelle, qui sont pourtant des établissements officiels installés à grands frais.

Qui ne se souvient de ces réclames souvent ridicules,

toujours tapageuses, dont M. Livet était et est encore l'objet à propos de tout et à propos de rien? Jamais la flagornerie n'avait été poussée si loin. Un grand journal de Nantes n'a-t-il pas poussé la plaisanterie jusqu'à signaler, un jour, le passage de M. Livet à Saint-Nazaire. Quel événement et quel personnage! Pourquoi n'avoir pas ajouté que les habitants s'étaient mis aux portes pour le voir passer et que les plus fanatiques avaient été jusqu'à baiser les pans de sa redingote.

Quel fracas et à quoi tout cela a-t-il abouti? — A un effondrement. Nous pouvons prononcer le mot, car il a été déclaré à assez haute et assez intelligible voix, et au Conseil municipal et dans les journaux, que si l'on ne venait à son secours, par l'achat de sa maison, M. Livet ne pouvait aller plus loin.

Mais il est des hommes qui, comme les chats, retombent toujours sur leurs pieds, M. Livet est de ce nombre. M. Riom, la plus brillante illustration de la cité et de l'école Livet, n'était-il pas là pour préserver de la catastrophe finale, et, en cas de naufrage, procéder au sauvetage? Quant aux sauveteurs, ils étaient tout trouvés : ne sont-ils pas là ces bons contribuables, ces bonnes bêtes de somme toujours prêtes à courber l'échine et à tendre le dos, pour recevoir les charges les plus accablantes? Et s'il y a quelques grincheux, eh bien! on les laissera *grincher*. Comme au temps de Mazarin, ils chanteront peut-être, mais ils paieront sûrement, c'est l'essentiel!

Donc, suivant la coutume, les contribuables paieront. Ainsi l'ont décidé, dans leur omnipotence, l'obscur Riom et la douzaine et demie d'édiles qui l'éclairaient de leurs lumières, en l'an 1894. La majorité n'était pas forte, mais elle y était, et cela a suffi pour trancher la question, à Nantes du moins, au profit de M. Livet et au préjudice des contribuables.

Reste à savoir si la Chambre des députés et le Sénat, devant lesquels la question va être portée à la rentrée des Chambres, ratifieront les fantaisies municipales ? — Mais c'est tout probable -- on n'a rien à refuser à M. Livet — à moins qu'il ne soit pas possible de trouver, dans les bas-fonds des Caisses de l'Etat, les sommes nécessaires pour couronner l'œuvre de bon plaisir et de complaisance imaginée par M. Riom.

Nous pensons que, par ce temps de liberté, nous devons jouir du même droit qu'au temps de Mazarin, le droit de chanter, en payant. C'est pourquoi, sans attendre que la carte à payer nous soit présentée, sous forme de *centimes additionnels*, nous voulons faire connaître au public, qui l'ignorerait, ce généreux et futur fonctionnaire, qui a eu la délicate pensée de faire don de ses dettes à la Ville et à l'Etat. On n'est pas plus gracieux ! Aussi espérons-nous que les Nantais ne se laisseront pas surpasser en générosité !

Il y a à peu près un an que M. Livet a eu la modestie de se faire décerner, dans la rue des Capucins, une plaque commémorative de son arrivée à Nantes. C'était un événement mémorable, en effet, digne d'être transmis à la postérité la plus reculée, que le départ de Vernantes (Maine-et-Loire) de ce jeune et long citoyen de 26 ans, et son débarquement à Nantes, où il venait chercher gloire et fortune.

De la gloire, il en a acquis, par la réclame, une portion par trop démesurée pour son mérite. Ce que c'est que de savoir se faire valoir !

Quant à la fortune, il en a eu aussi à cœur joie. Toutefois, en homme généreux, il n'a pas voulu tout garder pour lui et a tenu à en faire bénéficier sa ville d'adoption. De cette fortune, il a fait deux parts : l'une, la *positive*, qu'il garde pour lui, comme de juste : *Charité bien ordonnée commençant par soi-même* ; l'autre, la *négative*, qu'il abandonne à la Ville et à l'Etat : une bagatelle, quelques centaines de mille francs de dettes !

Un tel don mérite plus et mieux qu'une simple plaque. Aussi, nul doute qu'avant peu il ne soit ouvert une souscription, dans le but d'élever à M. Livet une statue monumentale, sur le soc de laquelle on gravera en lettres d'or cette inscription :

A M. LIVET
LES CONTRIBUABLES RECONNAISSANTS

M. Guépin a bien sa statue, lui qui n'a rien légué à la Ville ni à l'Etat !

Mais revenons à M. Riom que nous avons quelque peu négligé ; il ne faut pas que le « *cher maître* » nous fasse oublier le « *cher élève* », les deux faisant la paire, et nous étant également *chers*.

M. Riom ne semble avoir eu qu'un but, auquel il a tout sacrifié, dans les quatre années qu'il a occupé, avec si peu de gloire, le fauteuil municipal ; c'est de faire réaliser à tout prix le rêve si longtemps caressé par M. Livet, savoir l'acquisition de sa maison par la Ville et l'Etat. Absorbé par cette pensée unique, hypnotisé par cette brillante idée fixe, M. Riom n'a rien vu de ce qui se passait autour de lui : ni les fautes énormes, ni les bévues qui se commettaient au musée, à la prise d'eau et bien ailleurs. En un mot, M. Riom s'entendait à diriger une Mairie à peu près *comme à ramer des choux !*

M. Riom était-il complètement désintéressé dans la question Livet? — On aurait pu croire que non, tant était vif l'archarnement qu'il a mis à faire endosser par la Ville et par l'Etat, de gré ou de force, envers et contre tout, l'acquisition de la maison Livet, dont nous n'avions que faire, acharnement que l'affection pour un maître, quelque vive qu'elle soit, ne paraissait pas suffisante à justifier.

Maintenant, la question est tranchée, M. Riom ayant déclaré à la salle Gault : « Qu'il est vrai qu'il avait rendu des services à M. Livet, mais que quand il est arrivé à la Mairie de Nantes, il ne lui devait plus rien. » Cette explication suffit.

Personne, pensons-nous, ne supposait M. Riom capable de spéculer sur la vente de la maison Livet, mais beaucoup pouvaient croire qu'il voulait rentrer en possession des sommes qu'il avait pu prêter, ce qui d'ailleurs eût été très naturel.

Ce qu'il y a de certain, c'est que : *Prenez notre ours* a été la marotte sempiternelle du « cher maître » et du « cher élève », tous deux aussi entêtés que Caton, avec son *Delenda Carthago*. Battus un jour, ils revenaient à la charge le lendemain avec de nouvelles instances, un nouveau plan et de nouveaux chiffres. Ils faisaient l'effet de deux commissaires-priseurs, diminuant le prix de leur marchandise, à mesure que l'acheteur devient plus récalcitrant.

Faire un exposé rapide des machinations, des réclames, des trucs auxquels on a eu recours pour mener à bonne fin cette vente et cet achat, le seul projet sérieux probablement que notre ex-maire eut derrière la tête, tel est le but de cette brochure.

Nous ne nous dissimulons pas qu'elle ne sera pas du goût de tout le monde et pourra soulever bien des colères dans le clan des amis et des intéressés, mais qu'importe !

On ne saurait contenter tout le monde et son père !

Le mécontentement de nos adversaires prouverait qu'ils s'attribuent à eux seuls le droit de tout dire et de tout faire, même les choses les plus ineffables, et qu'à nous, ils ne reconnaissent d'autre droit que celui de nous taire et de tout endurer.

Certes le silence et la résignation sont parfois fort belles choses, mais pas dans le cas présent.

Nous jugeons une chose utile à dire, nous la dirons sans consulter les convenances et les intérêts de celui-ci ou de celui-là. C'est le droit de tous les contribuables, et nous en usons, de protester contre le gaspillage effréné des deniers publics.

L'assainissement de la Ville et un service d'eau vraiment potable étaient choses plus utiles assurément que l'achat de la maison Livet, qui n'intéresse qu'un très petit nombre de personnes à Nantes.

Cette nouvelle charge ne nous a été imposée que par pur compérage et camaraderie. Si M. Riom n'avait pas été maire de Nantes et ancien élève de M. Livet, jamais la question de l'achat de sa maison n'eût été posée au Conseil municipal. Avant la réédification de l'Ecole professionnelle, M. Livet avait fait ses offres de service et de maison à MM. Lechat, Colombel, etc.; tous l'avaient éconduit poliment, et ces maires étaient pour le moins tout aussi éclairés, tout aussi soucieux des intérêts de la Ville que le « cher élève ».

Cela dit, nous allons résumer aussi rapidement que possible une légère partie de ce qui a été écrit et fait en faveur de la maison Livet depuis le 17 mai 1892 jusqu'au mois d'août 1896, en empruntant nos renseignements au seul *Phare de la Loire.* A la vérité, les réclames et les éloges ne seront pas au grand complet, mais *ab uno disce omnes*; par ce seul organe de publicité, nos lecteurs pourront se faire une idée de l'effroyable consommation de flatteries, qui se fait à Nantes en faveur de M. Livet et de sa maison, dans les grands et petits journaux de Nantes. C'est la réclame à jet continu ; et certes, nos lecteurs seront en droit de se demander comme nous, si la maison Livet ne reçoit pas à elle seule plus d'éloges que tous les établissements réunis d'instruction publique et privée de la France entière, y compris la Navarre et les Colonies. Si nous voulions tout dire ce qui a été écrit depuis 50 ans, il faudrait plus d'un *in-folio.*

LA MAISON LIVET

ET LA

MAIRIE ALFRED RIOM

CHAPITRE PREMIER

Le Capitole. — Double succès électoral

Le 1er mai 1892, avaient lieu à Nantes les élections municipales.

Résultat du scrutin : 28 conseillers opportunistes, radicaux ou socialistes élus, contre 8 conseillers conservateurs.

Dans le 6e canton, en particulier, M. Riom obtenait 1,359 voix sur 2,826 votants et 4,037 électeurs inscrits.

En somme, il était nommé conseiller par moins de la moitié des électeurs votants et moins du tiers des électeurs inscrits de sa circonscription. Comme succès, ce n'était pas très brillant !

Quelques jours après, à la première réunion du Conseil municipal, M. Riom était élu maire, par 28 voix sur 36 votants. Ce n'était pas assurément tout ce que la majorité aurait pu trouver de mieux, dans son sein, pour représenter dignement la grande ville de Nantes, mais M. Riom était le Benjamin de la franc-maçonnerie nantaise ; c'est sans doute ce qui a fait pencher la balance en sa faveur.

Résultat : Nantes avait l'honneur d'avoir pour maire un homme qui ne savait ni parler, ni lire, ni écrire... du moins convenablement. M. Riom manquait donc totalement de ce prestige, qui avait aussi fait défaut à M. Bourbeau, au temps de l'empire.

Ceci soit dit sans vouloir établir aucune comparaison blessante entre un défunt ministre de l'instruction publique et le « cher élève » de M. Livet.

Voilà donc M. Riom parvenu, sans aucun mérite de sa part, au faîte des honneurs municipaux, mais patience ! la roche Tarpéienne est voisine du Capitole et M. Riom en fera l'expérience à ses dépens.

CHAPITRE II

15 Mai 1892 : Discours d'installation — Première bévue

En ce temps-là, M. Alfred Riom ouvrit la bouche et parla. Du banal discours d'inauguration, qui avait dû être remis tout fait aux mains du nouveau maire ; nous ne citerons que deux passages, les seuls qui nous intéressent et que nous empruntons au *Phare de la Loire* (17 mai 1892).

1° « Je ne me dissimule pas l'énormité de la tâche qui incombe au maire d'une grande ville comme Nantes ; aussi n'essaierais-je pas de l'accomplir, si je n'étais certain que les conseillers que vous allez désigner pour remplir les fonctions d'adjoints sauront, par leur expérience des affaires et leur activité, faciliter un travail qui serait au-dessus de mes forces et de ma bonne volonté sans leur précieux concours. »

Que M. Riom ait dit cela avec pleine conviction ou par fausse modestie, il est certain qu'il ne pouvait mieux dire. Mais, hélas ! on a beau se défier de soi-même, il arrive toujours un moment où, le naturel l'emportant, on commet des bévues. Dès la première séance, M. Riom va nous donner un échantillon de son savoir-faire en la matière.

Tout le monde sait — M. Riom excepté, paraît-il — qu'il n'est pas d'usage, même en politique et en administration, dans une séance d'installation, de dauber son prédécesseur, surtout quand celui-ci vous dépasse de cent coudées.

De plus, un maire de grande ville ne doit pas agir à la façon de *la corneille qui abat des noix*. — On pardonnerait cela tout au plus à un maire de village — de se lancer à parler chiffres, avant de les avoir sérieusement étudiés. Agir autrement c'est s'exposer à commettre des méprises, toujours suivies d'humiliantes leçons devant la galerie, chose triste pour un débutant.

Si M. Riom s'en était tenu à célébrer aussi bruyamment qu'il lui plaisait son triomphe et celui de ses amis, il n'y avait pas grand mal à cela ; c'est une petite satisfaction qu'aiment à s'accorder parfois les vainqueurs d'humeur joyeuse mais peu généreuse. M. Riom a voulu aller plus loin et s'aventurer sur le terrain des finances municipales, dont il ne connaissait pas le premier mot. Mal lui en a pris !

Laissons parler l'apprenti financier qui veut en remontrer à son maître, comme Gros-Jean voulait en remontrer à son curé. Ecoutez :

« Mais à côté de cette conquête toute pacifique..... nous avons d'autres devoirs impérieux à remplir. Il s'agit des intérêts de la Commune et les électeurs réclament à juste titre des *réformes*, des *améliorations* et des *travaux*.

» Nous aurons à nous appliquer à satisfaire à des aspirations légitimes ; nous y apporterons tous nos efforts. Malheureusement, il faut bien le reconnaître, si notre bonne volonté ne peut être mise en doute, il y a des questions matérielles qui gêneront singulièrement nos moyens d'action.

» Nantes avait en 1888 une dette de 17 millions ; aujourd'hui cette dette dépasse 21 millions.

» De plus, en raison même de cette augmentation de 4 millions en 4 ans, il y a 54 centimes affectés comme gage des emprunts contractés, si bien qu'il ne reste plus qu'un centime de disponible.

» Or, un centime représente 18,000 francs et cette somme ne peut gager qu'un emprunt de 300,000 francs.

» Vous le voyez, mes chers collègues, la situation du nouveau Conseil ne sera pas facile. Il se trouvera en présence de difficultés réelles.

» J'ai l'espoir qu'il nous sera donné de les vaincre .. et d'obtenir beaucoup du gouvernement, *qui ne peut rester indifférent à l'arrivée aux affaires d'une municipalité républicaine.....*

Je te crois ! C'est pourtant avec de telles paroles qu'on amuse les badauds de la galerie. M. Riom est tombé lourdement, et *nous attendons toujours sous l'orme* la réalisation de ses belles promesses.

Et où sont ces *réformes*, ces *améliorations*, ces *travaux que les électeurs réclamaient à juste titre*, et que M. Riom avait promis.

Autant en a emporté le vent !

Nul doute que l'arrivée aux affaires d'un homme de la valeur de M. Riom n'a pas laissé le gouvernement indifférent, mais pour donner, il faut avoir, et l'argent est rare par le temps qui court.

A défaut de fonds, pour les grandes entreprises rêvées par M. Riom, celui-ci a reçu la décoration de la Légion d'honneur. C'est peu, mais c'est probablement tout ce qu'il convoitait en ceignant l'écharpe.

Quant à nous, contribuables, nous n'avons pas tout perdu au passage de M. Riom à la mairie. S'il n'a réalisé aucune de ses promesses, par contre il nous a laissé la maison Livet et la carte à payer. C'est toujours cela, et bien difficiles seraient ceux qui ne se contenteraient pas de ce lot. Ce n'est pas précisément le gros lot, mais chacun fait ce qu'il peut. A défaut de *positif*, M. Riom nous sert du *négatif*.

CHAPITRE III

Séance du 31 mai 1892 — Erreurs d'un homme trop pressé — Leçon gratuite et obligatoire donnée à un maire novice — Amende honorable de celui-ci

M. Riom était mal adressé en s'attaquant à M. Guibourd, près duquel il n'était qu'un pygmée, comme intelligence du moins, car comme volume et comme poids, le nouveau maire se rattrapait. Mais un pygmée est toujours un pygmée, et comme l'a dit d'Alembert : *le sort d'un pygmée, qui veut paraître un géant, est de paraître encore plus pygmée.*

Nous avons reproduit l'attaque de M. Riom, voici la riposte de M. Guibourd. Le tout est emprunté au *Phare de la Loire.*

Réponse de M. Guibourd

« Dans le discours d'installation, il s'est glissé des erreurs touchant la situation financière et sur lesquelles il veut poser certaines questions.

« Il relit le paragraphe relatif à cette situation, qui contient trois constatations : la première, que la dette de 17 millions en 1888 a été portée à 21 millions ; la deuxième, que 54 centimes sont affectés au service des emprunts ; et la troisième, qu'il ne reste que 1 centime de disponible.

» Sur le premier chef, M. Guibourd reconnaît que c'est le chiffre indiqué dans son exposé, mais il avait fait remarquer que sur cette augmentation *son administration avait payé des services antérieurs à sa gestion.*

» Sur le deuxième chef, il y a une erreur de fait ; il n'y a pas 54 centimes afférents aux emprunts, mais 41 cent. 185, à moins, toutefois, qu'il y ait eu d'autres emprunts émis et qu'on ait oublié de les inscrire.

» Sur le troisième point, ce chiffre de 55 centimes, maximum d'emprunt, n'existe nulle part et il voudrait savoir où M. le Maire l'a pris ; il ne connaît pas de loi qui ait fixé ce maximum. »

Il était difficile à l'apprenti maire de recevoir une leçon plus catégorique. Pour une première, elle est bonne. Voyons par quel genre de reculade M. le Maire va se tirer du piteux cas où il s'est mis. Voici les paroles que le *Phare* lui met dans le bouche :

M. le Maire « remercie M. Guibourd de lui permettre de rectifier quelques erreurs qui se sont glissées dans l'allocution du 15 mai. En effet, il n'y a que 41 cent. 185 d'affectés au service des emprunts, mais il y en a d'autres spéciaux, qui ont été additionnés et qui ont causé l'erreur.

» Quant au centime restant, il est heureux de l'erreur commise, car cela laissera plus de marge à l'administration pour faire face aux besoins de la ville.

M. Guibourd. — « Il est certain qu'il y a eu erreur d'addition, mais on ne pouvait ajouter des centimes spéciaux, qui n'ont pas la même valeur, avec les centimes de l'emprunt. Dans mon exposé, j'ai reconnu loyalement que la dette de 38 centimes en 1888 avait été augmentée, mais on semblait faire croire que nous l'avions portée à 54 centimes. Maintenant que l'erreur est reconnue, il n'y a pas à insister. »

Voilà la première leçon de comptabilité administrative donnée à un maire novice. Il ne restait plus à celui-ci qu'à endosser sa veste, ce qu'il a fait en ces termes.

M. le Maire. — « Satisfaction a été donnée. Nous avons reconnu qu'il y a eu une erreur, que je ne pouvais vérifier dans ce moment. »

— Et pourquoi? Qui priait M. Riom de tant se hâter à sauter sur son prédécesseur, comme s'il voulait n'en faire qu'une bouchée. S'il avait eu la bonne pensée de *tourner sept fois sa langue dans sa bouche avant de parler*, il ne se fut pas mis dans l'humiliante nécessité de faire une rétractation si pénible pour l'amour-propre.

CHAPITRE IV

Aubade au nouveau Maire — Et en avant la Musique !

L'élection de M. Riom ne pouvait que très peu préoccuper le public à Nantes, où, en dehors du monde commerçant, il occupait une si petite place. Elle aurait donc passé complètement inaperçue, si deux catégories de personnes n'avaient été intéressées à *la faire mousser*. Ces deux catégories se trouvaient, et à la maison Livet, dont M. Riom était, sinon le plus intelligent, du moins le plus cossu des anciens élèves, et à la *Libre-Conscience* dont le F.·. Alfred est l'un des plus fervents adeptes et des plus beaux ornements.

Parlons d'abord de la maison Livet. Celle-ci devait bien à M. Riom quelques bons coups de tam-tam.

Songez donc : M. Alfred Riom, ancien élève de la pension Livet, MAIRE DE NANTES : quel honneur et surtout quel heureux présage pour l'avenir ! Ce jour-là, la maison de la rue Sainte-Marie était en liesse et l'on y fit de doux rêves !

Il ne s'agissait plus que de célébrer bruyamment ce succès, pour que nul n'en ignorât, et en avant la musique : *Dzim boum boum !* Et tout le grand orchestre de l'établissement se transporta au domicile du nouveau maire pour lui donner une aubade.

Quatre ans après, un orchestre d'un nouveau genre et plus bruyant encore que le premier devait saluer à la mairie le dernier jour d'un condamné.

CHAPITRE V

La « Libre-Conscience » en liesse

Après la maison Livet ce fut au tour de la *Libre-Conscience* de fêter le nouveau maire.

Ici encore, vu notre qualité de profane, nous laissons la parole au *Phare* pour raconter une petite fête maçonnique qui ne manque pas d'intérêt. Nous regrettons seulement que la discrétion ne lui ait pas permis de publier les noms des assistants. Quoiqu'il en soit, voici le compte rendu légèrement écourté publié dans le numéro du 23 mai 1892

« Les membres de la *Libre-Conscience* étaient réunis vendredi soir pour fêter la nomination de leur frère, M. Alfred Riom, comme maire de Nantes.

» Dès 9 heures, les deux salons magnifiquement décorés aux couleurs nationales étaient remplis par une foule compacte désireuse de fêter le nouvel élu, *ainsi que les autres membres des Loges nommés Conseillers municipaux* soit à Nantes, soit dans les communes rurales.

» Le *Vénérable*, dans un éloquent discours, a rappelé les titres du F.·. Riom, qui compte actuellement plus de 30 ans de services publics.

» Le F.·. Riom très ému a remercié des paroles flatteuses qui lui étaient adressées, et il a ajouté que s'il avait pu rendre quelques services, c'était grâce aux excellentes leçons reçues dans les temples maçonniques.

» Après divers toasts tous très applaudis, un des assistants a dit que la *Maç.·. Nantaise devait être fière du succès remporté par le parti républicain aux dernières élections*, mais qu'il ne fallait pas oublier qu'une bonne partie de ce succès revenait au collaborateur du *Phare de la Loire*, qui sous les initiales X Y a publié une *série d'articles auxquels nos adversaires n'ont pas pu répondre*.

....

» Le drapeau maçon, qui flottait à la fenêtre depuis dimanche, en l'honneur du nouveau maire, n'a été amené que hier matin. »

Ce charmant petit récit, qui initie les profanes — autant que les mystères maçonniques le permettent — à ce qui se passe dans les Loges, est d'un piquant intérêt et se passe de longs commentaires. Bornons-nous donc à de courtes observations, au sujet de trois passages soulignés par nous.

Dans le premier, on nous apprend que M. Riom n'a pas complètement terminé son instruction chez M. Livet et qu'il a dû aller la compléter dans les temples maçonniques. Reste à savoir dans quelle école préparatoire, il a appris les matières nécessaires pour être admis d'emblée aux *cours supérieurs* de l'école normale maçonnique. Ce qu'il y a de certain, c'est que le cher F.·. Alfred n'y a pas appris l'art d'administrer une ville... Nous en savons quelque chose !

Dans un second passage, nous lisons que la *Maçonnerie nantaise devait être fière du succès remporté par les républicains aux dernières élections*. — Il y a de quoi ! Mais à quoi bon nous rappeler que c'est la maçonnerie qui mène les élections à Nantes, comme si nous ne le savions pas depuis longtemps, par les jolis échantillons qu'elle nous sert.

Le troisième passage nous apprend qu'un des orateurs maçons a pris la parole pour avancer *qu'un collaborateur du* Phare *a publié sous les initiales X Y une série d'articles auxquels les adversaires de la maçonnerie n'ont pas pu répondre.*

Ah vraiment ! il avait donc des arguments bien terribles ce collaborateur X Y, pour qu'on ne pût pas lui répondre. Nous croyons plutôt que si les adversaires n'ont pas répondu, c'est qu'ils sont gens d'humeur pacifique. Si le collaborateur X Y avait eu affaire à des hommes moins endurants, peut-être ne chanterait-on pas si bruyamment victoire à la loge *Libre-Conscience.* On croit toujours avoir raison quand on parle tout seul !

CHAPITRE VI

Ballon d'essai

Les deux compères ne perdent pas de temps. Le 17 mai, M. Riom prenait possession du fauteuil municipal et prononçait ce maladroit discours, qui lui valut de la part de M. Guibourd un retentissant camouflet, et dès le 22 du même mois, un ballon d'essai était lancé.

Combien de tête-à-tête entre le « cher maître » et le « cher élève » avaient eu lieu dans l'intervalle, pour *manigancer* leur plan et dresser leurs batteries contre les contribuables, nous ne saurions le dire, n'étant pas dans le secret des dieux; toujours est-il que dès le 22 mai, le *Phare de la Loire,* plus favorisé que nous, lançait sous le titre *Echos de l'Hôtel-de-Ville* la petite note mystérieuse qui suit :

« Nous croyons savoir que la première séance du Conseil municipal aura lieu le 31 mai prochain.

» Une *importante question* sera soumise, *dit-on*, au Conseil, *qui devra nommer* une commission spéciale pour l'examiner. Il s'agit du rachat par la ville d'un de nos grands établissements *d'enseignement supérieur* qui complèterait, avec l'école professionnelle, un ensemble scolaire que *plus d'une ville pourrait nous envier.* »

Nous aimons cette *impérative* façon de parler « *qui devra nommer* », comme si le Conseil était aux ordres de M. Riom.

Et cette autre, « *établissement d'enseignement supérieur.* » Le *Phare* sait pourtant bien que l'enseignement *supérieur* ne se donne que dans les grandes écoles de l'Etat et non dans la modeste pension Livet.

Quant à cette conclusion, que *plus d'une ville pourrait nous envier,* nous dirons simplement : Qui empêche ces villes de contenter leur envie? La chose est facile. Elles n'ont qu'à se procurer un second Livet dans le pétrin, avec *sa maison,* bâtir une superbe école professionnelle, elles auront leur *ensemble scolaire,* et elles n'auront plus rien à envier à Nantes.

CHAPITRE VII

La mèche est éventée — Gare la bombe! — Contribuables à vos poches!

Diable! le cas presse, paraît-il, tant l'affaire est menée grand train. Hier, 22 mai, nous vivions en plein mystère : les optimistes se demandaient joyeux quel genre de félicité on réservait aux contribuables, et les pessimistes anxieux s'interrogeaient les uns les autres pour savoir à quelle sauce on allait les manger, car ce bloc enfariné *d'ensemble scolaire* ne leur disait rien qui vaille.

Aujourd'hui, 23 mai, tous les voiles sont déchirés. Il s'agit de la sempiternelle question Livet, la terreur des anciens maires. Ouf! ont dû se dire du fond de leurs tombes MM. Lechat, Colombel, Normand et Cie, quel crampon que ce Livet!

Naturellement le *Phare* trouve merveilleuse la combinaison découverte par le judicieux maire M. Riom. Quel dommage que celui-ci soit tombé si lourdement, avant la conclusion de l'affaire, une si belle affaire! On ne saurait croire les félicités réservées aux Nantais, si jamais M. Livet devient le nourrisson des contribuables. La réclame que le *Phare* publiait à ce sujet, à la date du 23 mai 1892, est un vrai chef-d'œuvre du genre comique. Elle est renversante, abracadabrante! Véritablement M. Riom qui l'a inspirée, sinon écrite, en eut remontré à Mangin. Nous parlons bien entendu de Mangin, l'ancien marchand de crayons, qui, pendant de longues années, a diverti la France entière avec son casque, ses crayons et ses petits boniments. Eh bien ! malgré tout son esprit, qui lui a permis de faire fortune, Mangin lui-même n'aurait pas trouvé cela.

Pour cause de défaut de place, nous ne reproduirons pas en entier l'article du 23 mai 1892, nous nous contenterons de passer en revue les passages les plus drolatiques.

1° Comme il faut bien un nom à l'établissement idéal projeté, le *Phare* proposait de l'appeler : *Ecole des hautes Etudes commerciales.* Lorsqu'on sera bien fixé sur sa destination, on verra à lui imposer un autre nom, s'il y a lieu. Pour l'instant on n'est d'accord que sur deux points, c'est que l'*Ecole des hautes Etudes commerciales* ou *Ecole* de ceci, de cela ou de l'autre sera payée par les contribuables et que M. Livet encaissera. Du moins, voilà ce que M. Riom proposait à la date du 23 mai 1892, et nous sommes en août 1897, et l'*affaire n'est pas encore dans le sac.*

Que voulez-vous ? il faut être philosophe : l'*homme propose et Dieu dispose.* Voyez : que d'eau a passé sous les ponts de la Loire depuis 5 ans et M. Riom est doublement à la côte. Puisse son projet l'y suivre, c'est la grâce que nous lui souhaitons !

2° Le *Phare* dit : « l'*Ecole des hautes Etudes commerciales, destinée à voir s'augmenter le nombre des élèves pensionnaires, en même temps que serait peut-être abaissé le prix de la pension.* »

— De grâce, ne *vendez pas la peau de l'ours avant de*

l'avoir mis par terre. Qui vous dit que le nombre des pensionnaires augmentera? Nous, nous pensons qu'il diminuera, si l'école Livet devient école de l'Etat; et lors même qu'il augmenterait, si vous profitez de cette augmentation d'élèves, pour diminuer le prix de la pension, où sera le bénéfice pour la Ville et pour l'Etat?

Ce n'est pas tout. Si vos *Etudes Commerciales* sont si *hautes* que cela, tous les professeurs actuels ne seront pas à la *hauteur* de ces études. Que ferez-vous de ces pauvres diables, dont plusieurs ont un bon nombre d'années de service dans l'école Livet? La Ville et l'Etat prendront-ils l'engagement de les garder ou de leur faire des situations? C'est une considération qui a bien sa valeur, quand il s'agit de vieux serviteurs.

3° Le *Phare* prétend que l'Etat se chargeant du traitement des professeurs, *cela permettrait de compter, toutes dépenses réglées, sur de sérieux bénéfices?*

Ah bien oui! *Attendez-les sous l'orme* vos sérieux bénéfices, vous risquez d'attendre longtemps.

Mais en supposant la Ville *bénéficière* dans le marché, et l'Etat *payeur*, qu'est-ce que cela prouve sinon que vous découvrez Paul *Etat* pour couvrir Pierre *Nantes*. En somme, c'est toujours le contribuable qui paie, sous une forme ou sous une autre.

De plus, les professeurs payés par l'Etat devront l'être à un taux plus élevé qu'ils ne l'étaient par M. Livet qui — nous devons le reconnaître — ne pouvait faire l'impossible. Et lorsque celui-ci *a tiré le diable par la queue* pendant plus de 50 ans, vous prétendez que la Ville ou l'Etat va faire des bénéfices avec un établissement, qui sera, suivant la coutume, plein de boursiers ; quelle plaisanterie ! Mais comptez-donc le nombre des Etablissements de l'Etat, même pris parmi les plus considérables, qui font simplement leurs frais.

4° Nous ne pouvons résister au plaisir de citer en entier le 4° alinéa de l'article du 23 mai, car il est trop drôle pour être tronqué.

Le voici :

« Cette recette — il s'agit des bénéfices — *on en pressent l'emploi. Elle servirait précisément à payer, au moyen d'annuités à convenir avec M. Livet, le prix auquel il cèderait son établissement à la ville de Nantes, si bien qu'au bout d'un certain nombre d'années, nous aurions amorti la dette contractée et nous serions devenus, sans emprunts ni impôts nouveaux, propriétaires d'une importante institution, qui serait une source de revenus pour le budget, en même temps qu'un bonheur pour notre Cité.* »

Voilà Nantes bien loti ! Mais c'est une vraie mine d'or que cette maison Livet vendue à la Ville. Ah ! pourquoi n'y a-t-on pas songé plus tôt ; nous nagerions maintenant dans une mer de félicités.

N'est-ce pas qu'il est ineffable ce quatrième alinéa ?

Lisez-le et relisez-le sans cesse, ou plutôt non, ne le relisez pas trop, car vous pourriez vous désopiler la rate d'une façon inquiétante. Ah ! c'est un fameux plaisant, que l'auteur de ces joyeuses lignes, et ce que nous admirons en lui, c'est qu'il nous débite cela avec la gravité d'un Caton. Et pourtant, depuis la fondation de la première gazette en 1631, nous ne pensons pas qu'il ait été écrit rien de plus cocasse !

C'est étourdissant, c'est ébouriffant, c'est tout ce que vous voudrez, et aucune expression ne pourrait rendre la stupéfaction que nous avons éprouvée, en apprenant tout le *bonheur*, qui en résulterait *pour notre cité*, de la cession à beaux deniers comptants de la maison Livet aux contribuables. Et dire que nous avons refusé ce bonheur si longtemps. Quels benêts que ces maires qui ont précédé M. Riom à l'Hôtel-de-Ville !

5° Le *Phare* n'est pas moins divertissant, dans son cinquième alinéa, avec son *joyeux avènement* et sa *forte somme*. Lisez :

« *L'Etat exigerait, sans doute, certains travaux, certaines modifications matérielles à l'état de choses existant, mais qui sait, s'il ne serait pas même disposé, à titre de* JOYEUX AVÈNEMENT *pour une mairie républicaine, à y contribuer jusqu'à une concurrence de* FORTE SOMME.

Hélas ! la mairie Riom a fait une lourde chute depuis plus de 15 mois, sans nous avoir fait jouir du *don de joyeux avènement*, et quant à la *forte somme* promise, elle est encore à venir. Par contre, nous avons joui du *joyeux* congé, qui a été signifié à M. Riom par ses anciens électeurs. C'est une légère compensation !

Pour cette fois, il a été cruel, l'auteur du *joyeux* article du 23 mai, d'avoir fait naître en nous de si belles espérances, pour n'en voir réaliser aucune.

6° *In caudâ venenum !* Voilà maintenant que le susdit rédacteur, après nous avoir amadoués par de joyeuses promesses, change tout à coup de ton et passe du *plaisant* au *sévère* en nous disant que : « *L'Etat exigerait sans doute certains travaux, certaines modifications matérielles à l'état de choses existant.* »

Aïe! voilà précisément où le bât nous blesse; mais soyons philosophes, cela devait être, c'était écrit, comme dirait un sectateur de l'Islam! Et comment voulez-vous que la future *école nationale*, de je ne sais quoi, fasse figure à côté des splendides édifices du Lycée et de l'Ecole professionnelle, si l'on ne commence par jeter à bas tout ce qui existe de l'ancienne école Livet, pour rebâtir à nouveau. Sans cela, ne serait-il pas à craindre que quelque mauvais plaisant ne s'avisât de qualifier irrévérencieusement la future école de *Baraque nationale*, ce qui lui ferait perdre de son prestige.

Démolir et reconstruire, cela coûtera gros, mais bah! Tant qu'il y aura des contribuables et des financiers comme M. Riom, on saura toujours où prendre de l'argent. A cet égard n'ayez nul souci! Ils en remontreraient au fameux Laws, qui, au temps de la Régence, mettait en actions jusqu'aux *brouillards du Mississipi*.

7° Pour dédommager le Directeur et les Professeurs de l'école professionnelle de l'oubli, dont celle-ci est l'objet depuis l'avènement de M. Riom à la Mairie, *bien qu'elle soit antérieure de 12 ans à la maison Livet*, le *Phare*, sous l'inspiration du « cher élève », leur sert le passage suivant, à titre de fiche de consolation :

« L'école professionnelle, qui regorge d'élèves, n'aurait pas à souffrir d'une concurrence plus apparente que réelle. Les programmes des deux écoles ne seraient pas les mêmes; elles ne prépareraient pas aux mêmes travaux; *elles ne faciliteraient pas les mêmes vocations* et pourraient ainsi recueillir deux clientèles différentes. »

C'est parfait! Jusqu'à présent et depuis 50 ans,

l'école professionnelle et l'école Livet avaient les mêmes programmes, préparaient aux mêmes examens, facilitaient les mêmes vocations — pour employer l'expression assez originale du *Phare* — mais avaient des clientèles différentes, surtout depuis que l'école professionnelle n'avait plus que des élèves gratuits, mais on changera tout cela, on fera les bouleversements nécessaires. Ce qu'il faut à M. Riom, c'est une nouvelle école, dont M. Livet sera le directeur, mais dont les contribuables feront les frais. Coûte que coûte, il l'aura ; il l'a promis à son « cher élève », et il tiendra sa promesse !

Comment s'appellera-t-elle ? Quelle sera sa destination ? — Peu importe que tout cela, c'est secondaire. Votez d'abord, MM. les municipaux, et vous, payez, MM. les contribuables ; fiez-vous à M. Riom et vous verrez après. Cela doit vous suffire et vous n'avez pas besoin d'en savoir plus long.

Ne trouvez-vous pas qu'il est charmant, le nouveau maire M. Alfred, de se charger de tout et de nous débarrasser de tout souci ! On ne trouverait pas son pareil sous la calotte des cieux.

En terminant, le *Phare* nous sert cette rassurante conclusion :

« Nous savons, qu'au Ministère de l'Instruction publique cette question est étudiée avec beaucoup d'attention et dans le cas le plus favorable aux intérêts matériels et intellectuels de la ville de Nantes.

— Savez-vous qu'ils sont aimables au Ministère de l'Instruction publique, de s'occuper des intérêts matériels et intellectuels de la ville de Nantes, même avant d'en avoir été priés, si ce n'est officieusement et *sournoisement* par les deux intéressés, MM. Livet et Riom, mais, dans ce cas, on ne le dit pas tout haut.

Rien n'est plus dangereux qu'un maladroit ami.

Il est vrai que ces Messieurs mettent du temps à faire leurs études. En tout cas, qu'ils ne se pressent pas, car nous avons tout le temps d'attendre et il n'y a pas de péril en la demeure !

Ce n'est pas comme ces Messieurs du Ministère de l'Agriculture, qui nous ont dépouillé brutalement de notre Ecole d'agriculture de Grandjouan, pour la transférer à la porte de Rennes, sans même nous crier gare, ou *quand ils ont crié, pour la forme*, il y a longtemps que la question était résolue et tranchée en haut lieu.

CHAPITRE VIII

Enfin le grand mot est lâché ! — Contribuables, gare à la tuile ! — Les mains réactionnaires

Enfin, le grand mot va être lâché. Il y a 14 jours que M. Riom porte l'écharpe et il ne peut garder son secret plus longtemps ; la langue lui démange. Il se décide donc à ouvrir la bouche et à parler. Le pauvre « cher élève », s'il avait su que son « cher maître » languirait encore cinq ans dans l'attente, peut-être ne se serait-il pas tant pressé ; mais on ne saurait prévoir l'avenir.

Quoi qu'il en soit, voici, en résumé, le petit discours que le *Phare* met dans la bouche du maire Riom, à la date du 31 mai 1892.

Séance du 31 mai 1892 — Etablissement Livet

« M. le Maire appelle l'attention du Conseil sur l'Etablissement Livet. Le directeur, qui est âgé de 72 ans, est parvenu, à force *d'intelligence* et de persévérance, à monter une *institution modèle*, mais il n'est pas éternel, et en présence des situations de famille, car il y a des petits enfants mineurs et pourvus d'un conseil de famille, l'on demande *ce que deviendrait ce bel établissement ?*

» Passerait-il en des mains réactionnaires ?

» Serait-il vendu, et alors on en ferait des chantiers ? Ce sont là des questions qui se posent.

» M. le Maire pense que la ville devrait en faire l'acquisition, mais *sans engager ses finances*.

» On pourrait faire une école manuelle d'apprentis dont l'entretien, en vertu de la loi de 1880, est à la charge de l'Etat.

» La Ville verserait à M. Livet, qui continuerait à diriger l'école, des annuités qui seraient largement indemnisées par les rapports de l'Institution.

» Cette question a besoin d'être étudiée et M. le Maire propose la nomination d'une commission spéciale.

....

» Quelques observations sont échangées, puis l'affaire est renvoyée à une prochaine séance. »

En attendant la prochaine séance, quelques réflexions ne sont pas inutiles :

1° D'après M. Riom, M. Livet avait 72 ans en 1892, il en a, par conséquent, 77 en 1897, et il est taillé pour vivre 100 ans. Mais qu'importe l'âge, quand on a fils et petit-fils pour continuer son œuvre, et n'est-il pas naturel que les fils, quand ils en sont capables, et c'est ici le cas, continuent la profession de leur père ?

2° Mais, dit M. Riom, *il y a des situations de famille, des enfants mineurs et pourvus d'un conseil de famille.* Qu'importe tout cela ?

De deux choses, l'une : la situation financière de M. Livet est bonne, ou elle est mauvaise. Dans le premier cas, il n'y a pas à hésiter ; les fils et petit-fils doivent continuer l'œuvre du père et du grand-père, et ils se répartiront les bénéfices en famille.

Si la situation financière laisse à désirer, pourquoi M. Riom, chargé de défendre les intérêts de la Ville et non ceux de la famille Livet, veut-il passer une mauvaise affaire, au cou des contribuables ? Ceux-ci n'ont-ils pas assez de charges à supporter, sans qu'on cherche à leur en imposer de nouvelles ? Vous ne faites seulement pas le nécessaire et vous prétendez nous imposer le superflu !

Si M. Livet ne peut pas continuer, dans les conditions actuelles, malgré les faveurs et les encouragements, dont lui et ses professeurs sont l'objet, eh bien ! qu'il fasse comme tous les commerçants, qu'il dépose son bilan.

Serait-il devenu de mode, par hasard, de passer aux Villes et à l'Etat la suite des entreprises témérairement engagées ? Alors pourquoi M. Riom, en sa qualité de *représentant des Moulins de Nantes,* ne chargerait-il pas M. Etiennez, son successeur au fauteuil de l'Hôtel-de-Ville, de proposer au Conseil municipal la reprise de l'exploitation des Moulins de Nantes aux frais de la Ville ? Pourquoi tous les inventeurs, qui n'ont pas réussi, tous les commerçants dans l'embarras, n'en feraient-ils pas autant ?

3° Quand M. Riom parle de *bel établissement*, à quel point de vue se place-t-il ? Est-ce au point de vue de la beauté *physique* ou au point de vue de la beauté *intellectuelle et morale*. Dans le premier cas, nous sommes forcé d'avouer que M. Riom n'est pas sans quelque compétence dans le bâtiment, vu sa qualité de maçon.·. maçonnant.

Mais, si M. le Maire de 1892-1895 s'avise de sortir du bâtiment et de s'aventurer sur le terrain moral et intellectuel, en nous parlant d'*institution modèle*, qu'il nous permette de lui dire, qu'en pareille matière, nous lui dénions toute compétence. Pour juger, il faut comparer, or de quelle comparaison est capable un homme, qui n'a jamais chauffé d'autres bancs que ceux de la maison Livet, où il a fait ses premières et dernières études, études peu brillantes, ainsi qu'on peut en juger après l'avoir vu à l'œuvre ?

4° M. Riom se demande avec la plus vive anxiété : *Passera-t-il* — il s'agit de l'établissement modèle — *entre des mains réactionnaires ?* Eh ! Monsieur le Maire, d'où sortez-vous ? Vous avez l'air de revenir de Pontoise ou de Saint-Jean-d'Angély, tant vous paraissez peu au courant de ce qui se passe dans votre bonne ville de Nantes ?

On voit que le « cher maître » ne dit pas tout à son « cher élève, » même dans ses épanchements les plus intimes. Eh bien ! ce qu'il ne vous a pas dit, nous allons vous le dire à l'oreille :

Si donc « l'établissement modèle » n'a pas passé en des mains réactionnaires, c'est que lesdits réactionnaires n'en ont pas voulu et ont repoussé les avances gracieuses, mais quelque peu intéressées de M. Livet. Quant à celui-ci, il eût parfaitement accepté, sans remords ni scrupule, de mains réactionnaires, leurs espèces trébuchantes et sonnantes, pensant que ces espèces, quoique venant de *profanes*, valaient bien les autres. L'argent n'a pas de couleur.

Puis M. Riom se demande avec anxiété : « Serait-il vendu ? » —

Il s'agit du « bel établissement. »

Ce serait dommage, mais pourquoi pas ? Il y a 5,000 mètres carrés de terrain, dit-on ; à 20 francs le mètre carré, cela ferait 100,000 francs. Ce n'est pas le Pérou, mais ce serait toujours cela de sauvé du naufrage.

Reste à faire l'estimation des bâtiments, pour lesquels nous n'osons hasarder aucun chiffre, de peur qu'il ne parût ridicule. Tout ce que nous pouvons dire, c'est que les acquéreurs d'immeubles n'abondent pas aujourd'hui, et quand il s'en présente, ils barguignent longtemps, avant de se décider à acheter, si toutefois ils se décident. On ne voit aujourd'hui que châteaux, maisons de ville et de campagne à vendre, et l'on ne voit pas le nez du moindre acheteur poindre à l'horizon.

Mais se dit d'un air effaré M. Riom : « *Et alors, on en ferait des chantiers !* » — Convenons que ce serait l'abomination de la désolation de transformer en chantier un « établissement modèle; » mais, que voulez-vous, c'est le lot des choses de ce monde, d'être sujettes au changement. Tout passe !

« M. le Maire pense que la ville devrait en faire l'acquisition, *mais sans engager ses finances.* »

— C'est véritablement un malin, M. le Maire de Nantes, d'acquérir une école sans engager les finances de la ville, et de mettre l'entretien de cette école à la charge de l'Etat, en vertu de la loi de 1880, parce qu'il en fera une école manuelle d'apprentis.

Reste à savoir si l'Etat, non moins malin, acceptera la petite combinaison que M. Riom a trouvée tout seul.

Faisons remarquer aussi que l'école projetée a changé de nom depuis huit jours. Il n'est plus question *d'Ecole de hautes Etudes commerciales* mais d'une *Ecole manuelle d'apprentis.* Quelle est la raison de ce changement ? — Probablement la fameuse loi de 1880, qui met l'entretien à la charge de l'Etat, quand celui-ci, toutefois, veut bien accepter la charge. Reste à savoir si l'Etat s'y laissera prendre. — Nous verrons bien !

Passons à la savante combinaison, qu'a découverte M. Riom, pour faire une acquisition sans engager les finances de la ville. Cet habile M. Riom ! il serait de taille à faire une omelette, sans casser les œufs.

Sa combinaison géniale la voici : *La ville verserait à M. Livet, qui continuerait à diriger l'école, des annuités, qui seraient indemnisées par les rapports de l'Institution.*

La ville versera à M. Livet, oh ! cela c'est entendu ! — Les villes versent toujours ! — Elle versera donc *des annuités, qui seraient indemnisées* par les rapports de l'Institution.

Des annuités qui seraient indemnisées est une expression un peu risquée. On indemnise les personnes mais non les choses, par conséquent pas les annuités. Nous savons bien que cette faute, quoique grossière, n'a pas grande importance, un maire de Nantes n'étant pas tenu de savoir le français. Cependant quand on agite une question *scolaire* et qu'on a fait ses études dans une *institution modèle !*.......

Cela tendrait à prouver que M. Riom n'était pas précisément un élève *modèle*, mais ceci ne regarde personne. Passons donc aux *rapports de l'Institution*, qui intéressent tout le monde.

Parler de *rapports*, de *bénéfices*, quand M. Livet a fait, pendant 50 ans, le diable à quatre pour chasser le diable de sa bourse, sans arriver à autre chose *qu'au bout de son rouleau*, parler ainsi, disons-nous, c'est *vendre la peau de l'ours, avant de l'avoir mis par terre.*

Attendez au moins, pour parler *rapports*, que vous ayez vu à l'œuvre M. Livet, seconde manière. Ses dettes payées, ainsi que ses professeurs, par la Ville ou par l'Etat, il y aura certainement profit pour lui ; reste à savoir si la Ville et l'Etat pourront en dire autant.

M. le Maire dit, en terminant, *que cette question a besoin d'être étudiée.* Oh ! oui, et longuement, car il y a plus de cinq années qu'on l'étudie et l'on n'y voit pas plus clair que le premier jour. Nous verrons bien, si l'année 1898 nous apportera la lumière.

CHAPITRE IX

Touchante cérémonie — M. Livet, délégué du Grand Chancelier de la Légion d'honneur — Tam-tam, tambours et trompettes — Discours arrosés de champagne — Toasts

Il sera dit que jamais, et jusqu'à sa dernière heure, M. Livet n'aura laissé passer une occasion de faire de la réclame pour lui et « sa maison. »

De quoi s'agit-il dans le cas présent? D'un capitaine d'infanterie en retraite décoré à la suite de bons services.

Cela arrive souvent, heureusement pour la France, seulement dans la plupart des autres cas, cela se passe sans tambours ni trompettes, et le *Grand Chancelier de la Légion d'honneur* ne désigne pas M. Livet pour attacher sur leur poitrine l'étoile des braves. Il aurait trop affaire!

Pour ceux-ci, la décoration a lieu sans autre apparat, qu'une simple mention à l'*Officiel* et dans les journaux de la localité à laquelle ils appartiennent.

Dans le cas présent, M. Livet étant indirectement en cause, on a dû avoir recours à une mise en scène spéciale, dont le *Phare de la Loire* a bien voulu rendre compte. Nous copions textuellement la réclame du 24 juillet 1892.

Un Chevalier de la Légion d'honneur

« Une touchante cérémonie a eu lieu cette après-midi, dans

la grande cour de l'établissement Livet. Le directeur, M. Livet père, *désigné par M. le Grand Chancelier de la Légion d'honneur*, remettait la croix de Chevalier à un de ses anciens élèves, M. Sizeler, capitaine d'infanterie de marine en retraite.

» Les élèves, sérieux comme de vieilles troupes, formaient un carré au centre duquel le nouveau chevalier et les invités avaient pris place. Une des faces du carré était formée par la musique, les tambours, le drapeau et sa garde d'honneur. A l'arrivée des invités dans la cour, la musique exécute la *Marseillaise*. Toutes les têtes sont découvertes !

» M. Livet prononce une allocution rappelant la jeunesse de M. Sizeler sur les bancs de l'école, sa conduite pendant les 25 années qu'il a passées sous les drapeaux, et il le donne comme exemple aux élèves d'aujourd'hui.

» M. Sizeler répond en quelques paroles émues et termine par les cris de : *Vive l'armée ! Vive la France ! Vive la République !*

» Ce dernier cri — *remarquez-le bien et non pas les autres* — est répété par les assistants.

» M. le Maire avait promis d'assister à cette cérémonie, mais il en a été empêché au dernier moment. Il y a perdu de ne pas entendre les paroles qui ont été prononcées à son adresse.

» Après le cérémonial ordinaire, M. Livet a attaché la croix sur la poitrine de M. Sizeler.

» Les élèves ont ensuite défilé devant le nouveau chevalier aux sons de la musique de l'établissement qui a été vivement applaudie.

» Les invités réunis dans le salon de M. Livet ont ensuite bu du champagne, à la santé du parrain et du nouveau décoré. »

Au sujet de cette petite fête de famille, nous nous permettrons de faire deux réflexions.

La première, c'est qu'il faut que M. Livet ait bonne mémoire, s'il se rappelle *tout* ce que le jeune Sizeler a pu faire sur les bancs de son école, il y a 50 ans.

La seconde : que M. Livet serait bien embarrassé,

s'il lui fallait faire un compte rendu exact de la conduite que M. Sizeler a menée sous les drapeaux pendant 25 ans. Nous ne voulons pas dire que M. Sizeler n'ait pas mené une excellente conduite, puisqu'il a été décoré ; seulement M. Livet n'en sait pas plus long que nous à cet égard !

CHAPITRE X

Exposé administratif du Maire pour l'acquisition de la maison Livet — Vote du principe de l'achat proposé et ajourné — Nomination d'une commission spéciale

Le *Phare de la Loire* rapporte dans les termes suivants ce qui s'est passé dans la séance du 1er août dans laquelle :

« M. le Maire donne lecture de l'exposé administratif relatif à l'acquisition par la Ville de la maison Livet. Il constate que cet établissement est dans une *situation brillante* et qu'il rend des *services moraux très importants*.

» L'exposé fait ressortir la difficulté pour les établissements laïques de *lutter contre les établissements congréganistes*, et c'est l'honneur d'*avoir résisté à la concurrence*.

» M. Livet propose de céder son établissement moyennant le paiement au Crédit foncier des annuités restant à payer.

» L'acquisition ne serait faite qu'au cas où l'État prendrait à sa charge les frais d'entretien du personnel.

» Avec les modifications apportées dans l'entretien ou le recrutement de l'école, la Ville bénéficierait d'une rente annuelle de 10.000 francs.

» Les délégués du Ministère de l'Instruction publique se sont montrés favorables à l'achat de l'établissement *qui rend des services indiscutables*.

» M. le Maire demande d'autoriser l'administration à poursuivre les négociations et de voter le principe de l'achat.

» M. Brunschvicg. — Cette question est importante et délicate. Il est intéressant, en effet, de penser que la ville pourrait devenir propriétaire, au bout d'un certain temps, d'un grand établissement d'instruction. Mais la question est délicate, au point de vue financier et au point de vue du programme.

Au point de vue financier, la question est grave. En effet, vous indiquez les ressources que vous n'avez pas encore, car vous comptez, pour payer, sur une subvention de l'Etat, et cette subvention vous ne l'avez pas encore et vous ne savez même pas à quelles conditions vous l'aurez, puisque l'Etat ne veut parler qu'après vous.

» D'un autre côté, M. le Maire disait que la Ville aurait l'honneur de continuer l'œuvre de M. Livet. Est-ce la Ville qui continuera cette œuvre? Quand l'Etat aura mis la main sur cet établissement, n'en modifiera-t-il pas les traditions, les programmes et par là même la clientèle? Aurez-vous encore les pensionnaires que M. Livet a su réunir? Ne se disperseront-ils pas dans d'autres maisons d'éducation?

» C'est là un point essentiel à traiter non pas seulement par des conversations fugitives avec les délégués ministériels, mais dans un échange de correspondance qui expliquera les engagements respectifs des parties contractantes. Autrement nous risquons de donner sans être surs de rien recevoir en échange.

» M. Brunschvicg ne rejette pas, loin de là, les conclusions de l'administration, mais il demande à être plus éclairé et réclame un sérieux supplément d'études.

» M. Guisthau est de l'avis de l'administration quant à l'achat, mais il faut savoir exactement ce que, la loi en main, nous pouvons réclamer. Il propose donc de nommer une commission spéciale qui étudiera l'affaire à fond.

» Après quelques observations de MM. Thouvenin, Goullin, Moncourt et Le Romain, ce dernier réclamant des justifications, M. le Maire déclare accepter une commission spéciale qu'il avait déjà proposée dans la séance du 31 mai.

» Le Conseil décide qu'une commission spéciale sera nommée et qu'elle sera composée de 6 membres.

» La séance est suspendue, pendant quelques minutes, pour s'entendre sur la composition de la commission.

» A la reprise de la séance, c'est-à-dire à 11 heures 1/4, il est procédé au scrutin pour la nomination de la commission spéciale.

Sont élus : MM. Goullin, Ponceau, Moncourt, Brunschvicg, Le Brun et Le Romain.

— M. Brunschvicg a si magistralement traité « l'importante et délicate question » soumise au Conseil, que nous n'ajouterions rien au compte rendu du *Phare*, si M. le Maire n'avait laissé échapper dans son *exposé administratif*, quelques-unes de ces expressions maladroites dont il a le secret. Ce sont ces expressions que nous voulons relever.

1° *Il constate que l'Etablissement Livet est dans une situation brillante.*

En effet, elle est tellement brillante, que M. Livet ne peut plus en supporter le poids et presse vivement « son cher élève » de l'en décharger au plus tôt, pour en charger les contribuables, qui ont les reins plus solides.

2° *Deuxième constatation de M. le Maire : Cet établissement rend des services moraux très importants.* Ah !... Des services moraux, des services moraux très importants, mais qu'entend-il par là ? — Probablement qu'il n'y entend rien, pas plus que nous d'ailleurs. Nous ne pouvons pourtant pas mettre notre esprit à la torture, pour deviner ce que M. Riom, le propre inventeur *des services moraux*, ne saurait deviner lui-même. Il a bien pu inventer le mot, mais impossible à lui de définir la chose. Passons donc outre.... C'est égal, ce mot de *services moraux* nous laissera longtemps rêveurs !

3° Après avoir *fait ressortir la difficulté pour les établissements laïques de lutter contre les établissements congréganistes,* M. le Maire ajoute, malencontreusement : *et c'est l'honheur de M. Liret d'avoir résisté à la concurrence.*

Il ne résiste pas, puisque ce vaillant Achille menace de rendre les armes, et de se retirer sous sa tente si on ne lui fournit pas de nouvelles munitions.

Comment, vous ne pouvez lutter contre les établissements congréganistes, vous qui disposez en maîtres des faveurs et des trésors de l'Etat, de l'argent, *qui est le nerf de la guerre.* Allons, allons ! Quand on pense des choses comme cela, on le garde pour soi et on ne le crie pas sur les toits, et c'est plus que jamais le cas de dire avec le poète :

Rien n'est plus dangereux qu'un maladroit ami.

4° M. Riom nous dit du plus grand sérieux, dans son exposé, que : *Avec les modifications apportées dans l'entretien ou le recrutement de l'école, la Ville bénéficierait d'une rente annuelle de 10.000 francs.*

Va-t-en voir s'ils viennent, Jean, va-t-en voir s'ils viennent !

Enfin, cela amuse les babauds et leur fait ouvrir de grands yeux ahuris. Sûrement, ils ne s'attendaient pas à si bonne fortune. Quel dommage, que M. Riom soit tombé si vite. Ingrats électeurs, qui lui ont signifié un congé définitif, sans même lui donner le temps d'inaugurer le règne des *alouettes rôties.*

Une petite réclame, en passant, à l'Institut Livet, pour n'en pas perdre l'habitude

Sous ce titre : Nos concitoyens, le *Phare* publiait à la date du 9 août 1892, la petite réclame qui suit :

« M. Marcel Ripoche, *dont les études avaient été heureusement commencées à l'institution Livet*, puis au Lycée Henri IV, à Paris, vient de subir brillamment les examens de sortie de l'École Polytechnique et a été admis dans le corps des ingénieurs des constructions navales. Nos bien sincères félicitations à M. Ripoche. »

Que le *Phare* offre ses sincères félicitations à M. Ripoche, cela se conçoit, puisque M. Ripoche le mérite, mais qu'il profite du brillant succès obtenu par cet élève distingué, pour en faire l'objet d'une *réclame perpétuelle*, en faveur de l'institution Livet, où M. Ripoche a fait ses premières études ; voilà qui ne se conçoit plus. Une fois c'est assez, mais dix fois c'est trop, surtout eu égard à la *minuscule* part que peut revendiquer l'institution Livet, dans les succès obtenus au Lycée Henri IV et à l'École Polytechnique, par ce jeune homme, piocheur acharné et très heureusement doué. *Cuique suum !*

AVIS

Tous les emprunts que nous avons faits jusqu'ici au *Phare de la Loire* remontent au temps où M. George Schwob père en avait la direction.

M. George Schwob est mort le 24 août 1892, à l'âge de 70 ans, à Barbizon, localité située dans la forêt de

Fontainebleau, où il était allé chercher le repos et s'il se pouvait, la santé.

Tous les emprunts, que nous ferons désormais au *Phare*, datent donc de la nouvelle direction de M. Schwob fils et successeur.

CHAPITRE XI

Un regret de M. Riom

Nous empruntons au *Phare* du 24 septembre 1892, le petit passage suivant, écrit à l'occasion de la *Fête nationale* du 22 septembre 1892, et qui nous montre M. Riom sous un nouveau jour. Chargé de la garde du Capitole, il a cherché le *moyen de faire revenir les populations à de meilleurs sentiments.* On se demande où s'arrêtera l'effrayant génie de cet homme. Jugez plutôt :

« M. Riom, parlant à M. Gautté, regrette qu'on accorde un peu trop facilement aux réactionnaires les faveurs qu'ils demandent pour leurs électeurs, pour les collèges qu'ils représentent. Ce n'est guère le moyen de faire revenir les populations à de meilleurs sentiments, que de leur transmettre les faveurs par le canal d'élus réactionnaires. »

Comme tout cela est bien dit, comme c'est frappé au coin de la grandeur et du génie. Ah ! si on le laissait faire en haut lieu, comme on l'a laissé faire à Nantes, M. Riom vous montrerait de quoi est capable le savoir faire d'un homme qui ne doute de rien !

CHAPITRE XII

Banquet de la Bourse offert au ministre Bourgeois — M. Riom faisant à M. Bourgeois l'article Livet — Réponse évasive du ministre

Ceci se passait le 19 octobre 1892, dans la grande salle de la Bourse où l'on banquetait en l'honneur du ministre Bourgeois, qui peu après est allé rejoindre les vieilles lunes.

En attendant, M. Riom, toujours loquace, toujours pris de la manie et de la démangeaison de mal parler, se cramponne au ministre, pour lui tenir ce que, par politesse, on veut bien appeler un discours. En voici le résumé emprunté au *Phare* :

» Après avoir parlé de Grandjouan — qui nous a échappé — de l'Ecole de Médecine — qu'on ne se presse pas d'ériger en Faculté — M. Riom ajoute :

» Je ne voudrais pas donner à nos desiderata plus de développement qu'il ne convient, et cependant *je ne puis résister au désir* d'ajouter aux souhaits déjà exprimés, un vœu, *dont nous désirons la prompte réalisation*, car pour compléter notre groupe d'enseignement, *il est indispensable* de créer à Nantes *une Ecole nationale primaire supérieure professionnelle.*

» Entre l'enseignement secondaire donné au Lycée et l'enseignement primaire fourni par les écoles communales, il y a une place **nécessaire** pour l'enseignement primaire supérieur professionnel. C'est peut-être ce dernier, qui est appelé à rendre le plus de services, car tous les citoyens ne peuvent espérer devenir des lettrés et des savants, mais la plupart ambitionnent d'être utiles dans l'industrie ou dans le commerce, qui développent nos industries nationales et qui répandent, au dehors, notre prestige et notre influence ainsi que le rayonnement et l'éclat de la démocratie française.

» Nous espérons donc, M. le Ministre, que vous voudrez bien créer à Nantes, ainsi que cela a eu lieu à Voiron, à Armentières et à Vierzon, une École nationale primaire supérieure professionnelle.

» Et, s'il le faut, vous trouverez la municipalité de Nantes prête à consentir à des sacrifices afin d'aider à une création qui nous paraît s'imposer et qui rendrait des services considérables non seulement à notre ville, mais encore aux départements voisins.

» Nous ne nous dissimulons pas, M. le Ministre, que la nécessité de donner de l'instruction à tous entraîne à des dépenses élevées, mais l'hésitation serait-elle permise, quand il s'agit de préserver de toute atteinte nos droits et nos institutions ?

» L'école laïque a le devoir de se défendre contre des adversaires, qui ne désarment jamais. »

Etc., etc., car il est temps de mettre une digue à la verve débordante, et qui menace de tout envahir... de l'orateur Riom. Ce n'est pourtant pas sans regret que nous privons nos lecteurs du bouquet de sornettes, dont notre éloquent maire a enjolivé la fin de son discours. Mais ce bouquet est étranger à la question qui nous occupe ; c'est une charge à fond contre *des adversaires qui ne désarment jamais !*

Que M. le Maire se tranquillise ; n'est-il pas là, avec ses maçons, pour veiller à la garde du Capitole ?

Revenons sur quelques passages du discours Riom :

1° Faisons remarquer qu'à la date du 19 octobre 1892, c'est une *École nationale primaire supérieure professionnelle* que l'on réclamait, comme si nous n'en avions pas une superbe, comme bâtiment, et fort bien dirigée, dans l'avenue de Launay. Assurément, la maison Livet fait piètre figure auprès de celle-là. Est-ce là ce qui offusque le « cher élève ? »

Et puis, les mois précédents, ce n'est pas d'école *professionnelle* qu'on parlait mais d'abord d'*école de hautes études commerciales*, ensuite *d'école manuelle d'apprentis*. Quand sera-t-on enfin fixé sur ce qu'on veut faire? Pour l'instant, nous ne voyons qu'une chose d'arrêtée, c'est qu'on veut pousser à l'achat de la maison Livet sans trop savoir ce qu'on en fera, car, telle qu'elle est, elle ne peut pas servir à grand'chose, sinon à être jetée par terre, en grande partie, et réédifiée ensuite.

2° Quand M. le Maire dit *que tous les citoyens ne peuvent espérer devenir des lettrés et des savants, mais que la plupart ambitionnent de se rendre utiles dans l'industrie et dans le commerce*, il a parfaitement raison. Il aurait pu même se prendre pour exemple et dire au ministre Bourgeois : « Tenez, M. le Ministre, moi qui vous parle, je n'ai fréquenté que l'école Livet, laquelle fait, en ce moment, l'objet de ma sollicitude. A ma sortie, je n'étais ni un lettré ni un savant, mais après un complément d'études dans les temples maçonniques, j'ai tenu ma place tout comme un autre dans l'industrie et le commerce. J'ai fait parfois des boulettes, il n'y a pas besoin de grec et de latin pour cela, pas même de mathématiques, mais qui n'en a pas fait plus ou moins dans sa vie ?

Il n'y a qu'à l'Hôtel-de-Ville que je me trouve un peu dépaysé, et ces diables de maçons, mes frères, m'ont joué un bon tour quand ils m'ont poussé dans cette galère. Aussi ne demanderais-je pas mieux que de m'en aller; les deux seules choses que je vous demande, pour me retirer et mourir en paix, c'est d'une part, la croix de la Légion d'honneur, et de l'autre, l'achat de la maison de « mon cher maître » par la Ville et par l'Etat. A ces deux conditions, M. le Ministre, j'entonnerais aux maçons, mes frères, et à « mon cher maître, » d'un cœur gai et content mon *nunc dimittis*.

3° M. Riom prétend que la *création, qui lui parait s'imposer, rendrait des services considérables, non seulement à notre ville, mais encore aux départements voisins.*

Des services considérables, comme si les moyens d'instruction manquaient en France! En tout cas, si cette création, qui ne *s'impose* pas du tout, sinon peut-être au « cher maître » et au « cher élève », rend quelques légers services, ce sera Nantes qui paiera, et les départements voisins qui jouiront, sans bourse délier.

4° M. le Maire, qui est en veine comique, ajoute cette pharamineuse réflexion : *Nous ne nous dissimulons pas que la nécessité de donner de l'instruction à tous entraîne à des dépenses élevées, mais l'hésitation serait-elle permise, quand il s'agit de* PRÉSERVER DE TOUTE ATTEINTE NOS DROITS ET NOS INSTITUTIONS.

Ah! quant à ceci, c'est trop *godiche*, de faire dépendre la conservation de nos droits et de nos institutions de l'achat, par la Ville et par l'Etat, de la maison Livet. D'autres n'auraient pas trouvé cela tout seuls, et le brevet d'invention revient de droit à M. le Maire de Nantes.

La réponse de M. Bourgeois est spirituelle et contraste avec le petit discours Riom, qui est seulement drôle. Ecoutons M. le Ministre d'après le résumé du *Phare* (19 octobre 1892).

« M. Bourgeois va examiner le tableau de l'éducation, tel qu'il lui a été présenté par M. le Maire.

» Ce tableau est un peu *chargé en noir*, parce qu'il est toujours triste d'avoir à penser aux exigences budgétaires, aux moyens à employer pour réaliser les améliorations désirées, et cependant bariolé de gaies couleurs, en raison de la confiance dont il témoigne dans l'avenir.

» Les écoles sont trop petites : tel est le cri qu'a entendu proférer, de tous côtés, M. le Ministre. A l'École professionnelle, il a vu les enfants pressés dans les salles de classe, comme une gerbe charmante, il est vrai, mais comme une gerbe, que ses liens enlaçaient de trop près ; au Lycée des garçons, on lui a montré des lits dans des locaux, qui véritablement n'étaient nullement faits pour en recevoir ; au Lycée des jeunes filles, il a trouvé des enfants prêtes à tous les devoirs, qu'elles auront à remplir demain, mais on lui a demandé là encore un peu plus d'air, un peu plus de lumière et d'espace. Dans les classes primaires, même antienne.

» A l'école de Médecine, par exemple, ce n'est pas d'air qu'on a besoin ; l'Hôtel-Dieu en donne tant qu'on en veut, mais si on ne lui a pas demandé d'élargissements à l'édifice, on lui a réclamé un couronnement.

. . . .

» Vous demandez à compléter tous vos établissements d'instruction, parce que vous avez la conviction qu'ils sont dignes de toutes les améliorations que vous désireriez pour eux.

» Et il promet qu'il fera tout son possible pour aider à réaliser ces améliorations, en ce qui concerne du moins les établissements d'enseignement primaire et secondaire.

» Restent les écoles supérieures, là le terrain est hérissé d'épines et de tessons. »

Le ministre a dit un mot de toutes les écoles de la Ville moins une. Pas un mot de la vente et de l'achat de l'école Livet. C'était à s'arracher les cheveux de désespoir. Par bonheur pour MM. Riom et Livet, le ministère Bourgeois n'a pas fait long feu.

M. Riom prêchant l'économie au Conseil municipal

Nous lisons dans le *Phare de la Loire* du 29 décembre 1892, la petite mercuriale suivante adressée par M. le Maire à ses collègues du Conseil municipal.

« Si vous continuez dans cette voie, il faudra avoir recours aux impôts et créer des ressources nouvelles. Les dépenses vont toujours en augmentant, et équilibrer le budget par des emprunts n'est pas administrer. Il faut avoir le courage de refuser des crédits. Nous verrons au budget de 1893, s'il n'y a pas de dépenses à supprimer ou à réduire. Sinon, il faudra rechercher des recettes nouvelles, pour ne pas recourir aux emprunts. »

Un bon point à M. le Maire pour cette petite semonce à l'adresse des municipaux dépensiers. Décidément, M. Riom s'amende et nous fait entrevoir l'espoir qu'il va *avoir le courage* de renoncer à l'achat de la maison Livet, pour lequel achat il faudrait *créer des ressources nouvelles.*

CHAPITRE XIII

Un souhait de premier de l'an — Un nouveau Chevalier de la Légion d'honneur — Punch en l'honneur du nouveau Chevalier — Félicitations du « cher Maître » — Réponse du « cher élève » Passez-moi la rhubarbe, je vous passerai le séné

1er Janvier 1893. — A la réception préfectorale du premier jour de l'an, le préfet Cleiftie, de joyeuse mémoire, voyant l'air navré de M. Livet, qui accompagnait le corps enseignant, lui souhaite de voir se résoudre, cette année, la question concernant son établissement.

Naïf préfet, par de stériles souhaits, pensez-vous le consoler ; un bon engagement ferme ferait bien mieux son affaire, que tant de belles promesses. Il y a déjà huit mois qu'on tient M. Livet le bec dans l'eau, combien de temps cela durera-t-il encore ?

Ah ! si celui-ci avait su que non seulement 1893, mais encore 1894, 1895, 1896, et peut-être 1897, s'écouleraient sans, comme sœur Anne, ne rien voir venir que de plaintives condoléances, quel supplice ! C'est le supplice de Tantale renouvelé ! Mourir de soif, voir de l'eau passer et repasser devant ses yeux, et ne pouvoir boire à même à la coupe enchanteresse du budget !

Par bonheur, dans la vie, les jours se suivent et ne se ressemblent pas. Le 1er janvier, après la décevante promesse de M. Cleiftie, on était tout à la tristesse ; et, quelques jours après tout à la joie, en apprenant la grande nouvelle.

Quelle grande nouvelle ? — Comment, vous ne savez pas ? — Non, comment le saurais-je ? Je ne suis pas dans le secret des dieux du jour ! — Eh bien ! M. Riom est nommé Chevalier de la Légion d'honneur. — Comment ! M. Riom est nommé Chevalier de la Légion d'honneur, pas possible, et pourquoi ? — Ah dame ! vous m'en demandez trop long. Sans doute, pour services exceptionnels inconnus du vulgaire et que le vulgaire n'a pas besoin de connaître. — Peut-être que s'asseoir au fauteuil municipal et figurer bien ou mal à la Chambre ou au Tribunal de Commerce sont des titres suffisants, mais il est permis d'en douter, et si M. Riom n'était pas maçon et franc-maçon, il pourrait chaque jour adresser au Ciel cette pl[illegible] prière : *Seigneur, vous et moi, qu'avons-nous fait pour mériter la croix?*

Ce n'est pas tout d'être nommé Chevalier, il faut un autre Chevalier pour vous armer, et quand on est jugé digne de la décoration, il faut un *décorateur*. Ici, le chevalier *armateur* (pardon de ce néologisme), le *décorateur* était tout désigné. M. Livet père n'était-il pas là? — Et ne vous en déplaise, à quelques mois de distance, il fut délégué, pour la seconde fois, par le grand Chancelier de l'Ordre pour remettre le diplôme et les insignes de Chevalier de la Légion d'honneur à un nouveau postulant, qui était, cette fois, M. le Maire de Nantes.

Voilà une position sociale toute trouvée, pour M. Livet, quand il aura vendu sa maison à la Ville : *décorateur de chevaliers.*

C'est dans les termes suivants, que le *Phare* faisait part à ses lecteurs de la fête de la *décoration :*

« Un punch sera offert à M. Alfred Riom, Maire de Nantes, par l'Association amicale des anciens Elèves de l'institution Livet, le Samedi 28 Janvier, à 8 heures 1/2 du soir, salle Florent, rue du Boccage.

» M. Livet père, délégué par le grand Chancelier de l'Ordre, remettra, à cette réunion, à M. le Maire de Nantes, le diplôme et les insignes de Chevalier de la Légion d'honneur. »

Que d'étalage pour peu de chose ! Assurément, ceux qui ont conquis la croix, au péril de leur vie, ou par les plus brillants exploits, ne font pas tant *d'esbrouffe*.

Nous ne nous amuserons pas à raconter, par le menu, la petite comédie, en deux actes, qui se joua dans la salle Florent, le soir du 29 janvier. Nous en dirons quelques mots pourtant, car elle en vaut la peine.

Il y a eu lutte acharnée, entre le « cher maître » et le « cher élève », à qui l'emporterait sur l'autre, pour l'adulation ; c'était au point de faire craindre, qu'à la fin de la soirée, il y eut deux nez de cassés à coups d'encensoir. Ce n'est certainement que grâce à leur adresse merveilleuse à manier cet instrument qu'ils ont dû tous deux rentrer à leurs domiciles, avec leurs nez respectifs.

1er ACTE : Le « cher maître » congratulant le « cher élève »

ou le « cher maître » passant la rhubarbe à son « cher élève »

Nous ne citerons que les plus beaux passages, ceux qui concernent le nouveau Chevalier.

Après avoir parlé de M. et de Mme Riom, père et mère, et de leurs enfants, M. Livet ajoute :

« Parmi eux (il s'agit des autres enfants) M. Alfred Riom a su attirer l'attention de ses concitoyens. Vite, ils ont reconnu l'homme intègre, honnête, expérimenté, à qui l'on peut confier ses intérêts les plus chers. Six fois élu membre du Tribunal de Commerce, il n'a pas tardé à en devenir le président ; deux fois il a été choisi comme membre de la Chambre de Commerce.

» Sa réputation de droiture, sa connaissance des affaires l'ont fait élire Conseiller général du 6e canton de Nantes, qu'il a été appelé à représenter aussi au Conseil municipal. »

Ici, nous demandons au panégyriste de M. Riom de

vouloir bien nous permettre une légère interruption pour lui dire : Ce n'est ni la réputation de droiture, ni sa connaissance des affaires, qui ont fait élire votre « cher élève » Conseiller général, pas plus que Conseiller municipal du 6e canton, mais bien son affiliation à la franc-maçonnerie, ainsi que celle-ci s'en est vantée assez hautement.

Seulement, toute chose n'a qu'un temps, et les électeurs ont fini par se lasser, et par signifier, à la fin de la période 1892-1896 à ce pauvre Conseiller municipal, et non moins pauvre maire, qu'il eût à vider l'Hôtel-de-Ville, où n'entendant rien à rien, il n'avait que faire.

Soyez plutôt maçon, si c'est votre métier !

Souhaitons qu'aux prochaines élections, pour le Conseil général, les électeurs du 6e canton soient aussi bien inspirés.

Cela dit, M. Livet, reprenez votre panégyrique, au point où vous l'avez laissé.

« Ses facultés si heureuses — *les facultés si heureuses de M. Riom, oh ! la, la, va s'écrier Gugusse* — n'ont cessé de s'étendre à mesure que ses fonctions sont devenues plus nombreuses et plus difficiles ; toujours, il s'est montré supérieur aux exigences, que nécessitaient ses mandats si nombreux, si divers. » (*Ouf !*)

« *Ses vues si larges, son esprit d'à-propos, sa facilité à comprendre les questions les plus difficiles, les plus délicates* (LA QUESTION LIVET, PAR EXEMPLE), l'intérêt qu'il porte à toutes les causes justes, la grande sympathie qu'il inspire à tous ceux qui l'approchent, devaient promptement le placer à la tête de l'administration de la ville, qu'il aime tant, et à laquelle il rend depuis *si longtemps de si nombreux services.* »

M. le panégyriste voudra bien nous permettre de rayer du nombre des services rendus à la ville *l'achat de sa maison.*

Mais continuons, voici le bouquet :

« Élu maire de Nantes, il est bien à sa place, il sait concilier tous les intérêts ; de plus en plus ses belles qualités sont reconnues. Le gouvernement ne devait pas tarder à apprécier ses services et à les récompenser. »

Voilà le jugement intéressé que portait le 29 janvier 1893, le « cher maître » Livet sur son « cher élève » Riom, mais les électeurs de mai 1896, plus désintéressés dans la question, après l'avoir vu à l'œuvre durant 4 ans, ne ratifieront pas le jugement du maître et s'empresseront d'une voix presque unanime, de le renvoyer, non pas à ses chères études, bien qu'il en eût bon besoin, mais à sa maçonnerie.

Encore une fois :

Soyez plutôt maçon, si c'est votre métier !

Il n'est pas mal plaisant, M. Livet, mais mauvais plaisant, quand il vient nous dire, de son ton le plus sérieux, que *M. Riom sait concilier les intérêts.* Singulière façon de concilier les intérêts, que d'imposer à une ville, dont on est maire, des charges onéreuses et inutiles, pour en décharger un particulier trop aventureux, parce que ce particulier a été son élève.

Quant à cette double assertion : 1° *Le gouvernement ne devait pas tarder à apprécier ses services et à les récompenser ;* 2° *Depuis longtemps, l'opinion publique réclamait pour lui la récompense, qui est la consécration des services rendus au pays*, cette double assertion, disons-nous, ne mérite pas d'être discutée. Bornons-nous à dire : 1° Que le gouvernement s'est bien trop pressé à décorer M. Riom, et que s'il avait voulu récompenser auparavant les fonctionnaires, dont les services surpassaient les siens, le pauvre « cher élève » aurait attendu longtemps ; 2° Nous ne reconnaissons pas à M. Livet, pas plus qu'à nous d'ailleurs, le droit de se faire l'écho de l'*opinion publique*, en réclamant pour son « cher » mais pauvre élève, la Croix de la Légion d'honneur. Il parle en son propre nom et celui de son clan, et c'est tout ! Pour ce qui est des services rendus au public par M. Riom, chaque jour nous apprend *ce qu'en vaut l'aune*. La petite réputation qu'on lui a faite est une réputation usurpée, comme tant d'autres d'ailleurs !

Aussi, attendez mai 1896, et vous verrez ce que les électeurs abusés feront de cette idole de carton, que la maçonnerie avait fabriquée en 1892.

De plus en plus drôle, M. Livet ! Décidément il était fait pour le genre comique, où il n'aurait certes pas mis 51 ans à faire fortune, comme dans l'enseignement. Jugez de son talent par le joyeux passage qui suit :

« Aussi, lorsque parut le décret, qui nommait M. Alfred Riom chevalier de la Légion d'honneur, ce n'a été qu'un cri d'approbation et de satisfaction générale. Tous ont voulu fêter cet acte de haute justice. Depuis le 1er janvier, chaque jour — *et nous sommes au 20* — a été pour M. Riom un jour de fête, un jour de triomphe. »

— N'est-ce pas que c'est réussi ! Cependant, une fois lancé sur la voie de l'admiration, M. Livet s'est arrêté à moitié route. Pourquoi n'avoir pas dit qu'on s'écrasait dans la rue Dubreil, en face du n° 5, du 1er janvier au 29, pour pouvoir contempler les traits du nouveau chevalier et, comme l'a si bien dit Labruyère, il y a quelque 200 ans, *on se relayait pour l'admirer*. Voyez-vous M. Livet : quand on donne du galon à un homme, on ne saurait trop lui en donner.

Glissons sur un alinéa assez insignifiant et passons au suivant dont nous détachons ce lambeau de phrase.

« Une autre joie nous était réservée : Conservant un *pieux* souvenir de l'établissement où il a fait ses études, il a demandé, *dans le plus grand secret*, et avec une *délicatesse touchante* (*ici on verse un pleur !*) que M. le grand-chancelier désignât son vieux maître pour lui attacher, devant ses camarades, cette croix d'honneur qui....... »

— M. Livet a été bien inspiré de rappeler le *pieux souvenir* de son « cher élève » très apprécié, en effet, dans les loges, où l'on propose en exemple le frère .˙. Alfred, pour sa piété et sa ferveur maçonniques. La vertu est quelquefois récompensée, même sur cette terre, car c'est la piété et la ferveur du F .˙. Alfred, qui lui ont valu le ruban de chevalier et le fauteuil municipal, d'où l'ont fait descendre si brutalement, en 1896, les électeurs du 6e canton, peu renommés, en général, pour leur piété. Que voulez-vous? De nos jours, l'impiété se glisse partout, même dans le champ électoral si bien cultivé par M. Riom. Toujours l'ivraie à côté du bon grain ! C'est ce qui nous fait trembler pour l'avenir administratif du Conseiller général du 6e canton. Ce siège perdu, il ne resterait plus à M. Riom, pour le consoler de ses grandeurs passées, que la vue de son ruban et de son « cher maître. »

Maintenant, la scène de la salle Florent va changer et, sans la moindre transition, passer brusquement du fou rire aux larmes, larmes de bonheur il est vrai. Messieurs, préparez vos mouchoirs !

M. Livet, très fort sur le genre larmoyant, a la parole :

« Oh ! M. le Maire, ô mon cher élève, merci, merci mille fois, pour cet honneur que vous me faites. Ce jour, soyez-en sûr, comptera dans le petit nombre de mes jours heureux. Il ne s'effacera ni de mon souvenir ni de mon cœur. »

— Comme il faut peu de chose pour flatter la vanité d'un homme ! En vérité, s'il faut si peu pour rendre heureux M. Livet, il aurait pu l'être toute sa vie, car, comme le sage, il se contente de peu : *Décorer M. Riom et mourir !*

Dans l'entr'acte, applaudissements naturellement ! Puis en avant la musique ! *Sonnez clairons, battez tambours, fermez le ban*, pendant que M. Riom va contempler l'effet produit par le « hochet » attaché à sa redingote.

2e ACTE : Le « cher maître » a passé la rhubarbe

Au tour du « cher élève » de passer le séné

Disons tout de suite que le « cher maître » a été moins parcimonieux de rhubarbe que le « cher élève » de sené. C'est trop de lésinerie de la part de l'élève, un jour de décoration.

Le petit discours du nouveau chevalier est en trois points. Il a d'abord parlé de lui, puis de ses chers camarades, et il a réservé pour son « cher maître » le mot de la fin.

Ce que M. le chevalier du 1er janvier 1893 dit de lui est assez plaisant, mais ne brille pas précisément par la modestie. Qu'on en juge :

« Mon cher maître et mes chers amis,

» Vous avez cité un proverbe tout à l'heure, je vais vous en citer un autre, auquel la cérémonie de ce soir donne un démenti formel : *Nul n'est prophète en son pays.* »

Ainsi M. Riom est bel et bien prophète ! Vous ne le croyez pas? Vous allez voir. Suivez seulement son petit raisonnement.

« Il est certain que depuis 30 années que je m'occupe des affaires publiques -- *les 30 années reviennent souvent* -- j'ai toujours apporté dans les fonctions que m'ont confiées mes concitoyens, tout le zèle et le dévouement dont j'étais capable, mais les témoignages de sympathie qu'on m'a prodigués, depuis le 1er janvier, récompensent amplement mes peines ; je ne croyais pas vraiment avoir tant d'amis. »

Donc, M. Riom est prophète dans son pays! C'est ce qu'il fallait démontrer et c'est aussi ce que l'on appelle : *se donner du galon.*

M. Riom est-il vraiment prophète, comme il s'en targue?

Prophète de malheur alors, et mauvais prophète, car il a éprouvé plus d'un malheur, depuis qu'il est passé à l'état de chevalier-prophète, et ces malheurs, nous doutons qu'il les ait prévus.

M. Riom est plaisant, de prendre pour des amis sincères, tous ceux qui s'écrasaient dans la rue Dubreil au mois de janvier 1892, quand ils n'allaient là que pour contempler le nouveau chevalier de la tête aux pieds, sans oublier les chausses. On aime à voir un chevalier tout flambant neuf, et comment il porte sa chevalerie.

Nous ne nous occuperons pas du petit mot aimable adressé par le nouveau chevalier à *ses chers camarades... qui n'avaient pas craint de quitter leurs familles, leurs occupations, pour venir apporter à l'un de leurs condisciples le tribut de leurs félicitations* (pourquoi pas de leur admiration ?) *unis* qu'ils sont, *comme les maillons d'une chaîne.*

Laissons la chaîne et ses maillons, pour arriver au compliment adressé au parrain, et que nous avons trouvé un peu sec.

Le voici tel qu'on pouvait le lire dans le *Phare de la Loire* du 30 janvier 1893.

« Quand j'ai dû désigner mon parrain au grand Chancelier de la Légion d'honneur, je n'ai pas hésité, un seul instant, et j'ai nommé M. Livet. Je suis sûr, mes chers camarades, que vous approuverez de tout cœur le choix que j'ai fait.

» Les applaudissements, qui m'ont interrompu, vous prouvent, mon cher maître, que vous n'avez ici que des amis sinsincères et dévoués.

» Je traduirai fidèlement leur pensée, en vous disant : Nous formons des vœux, pour vous voir longtemps à la tête *de la belle maison*, que vous avez fondée, et à laquelle nous sommes fiers d'avoir appartenu, *sinon comme propriétaire, du moins comme directeur, car nul ne la dirigerait mieux que vous.*

Admirez ce correct langage.

Ne quittons pas cette petite fête intime de chevalerie, sans ajouter quelques réflexions.

1° Ce que c'est que d'être peu au courant des choses de la grande Chancellerie de la Légion d'honneur ! Nous nous étions imaginé, qu'à la grande Chancellerie, M. Livet *était connu comme le loup blanc*, de sorte que lorsqu'on avait besoin d'un délégué décorateur, on jetait naturellement les yeux sur M. Livet.

Ce qui nous avait induit en erreur, c'étaient les deux mentions suivantes du *Phare*. La première datée du 24 juillet 1892 était conçue en ces termes : *M. Livet père désigné par M. le grand Chancelier de la Légion d'honneur*... pour remettre la croix de chevalier... à M. Sizeler.

La seconde, en date du 28 janvier 1893, portait : *M. Livet père délégué par le grand Chancelier de l'Ordre*... pour remettre à M. le Maire de Nantes, le diplôme et les insignes de Chevalier de la Légion d'honneur... et nous nous disions, *in petto*, non sans une petite pointe de jalousie : A-t-il de la chance, M. Livet ! Ce que c'est que d'être grand, on est vu de haut et de loin !

Mais nous nous étions trompé ; ce n'est pas le grand Chancelier, qui a pensé à M. Livet, ce sont ses deux élèves, qui l'y ont fait penser. Ce n'est pas la même chose ! Excusez notre méprise, provenant de ce que nous n'entendons rien aux hommes et aux choses de la grande Chancellerie, et que nous avons voulu en parler quand même. C'est le défaut de beaucoup de gens !

En terminant son insignifiant petit discours, M. Riom

forme des vœux, pour voir M. Livet longtemps encore à la tête de la belle maison (*décidément, il en tient pour la belle maison, malgré les sérieuses réparations dont elle aurait besoin*) de la belle maison donc « qu'il a fondée, et que nul ne dirigerait mieux que lui. »

Donnons à M. Riom acte de ses vœux, qui prouvent qu'il a fait passer les intérêts de M. Livet, avant ceux de la ville.

Pour ce qui est de la bonne direction, nous dirons : Si bâtir, bâtir encore, bâtir sans cesse, sans savoir si l'on pourra payer... mais compter sur les contribuables pour payer le déficit, si, disons-nous, cela s'appelle bien diriger, convenons que M. Livet a admirablement dirigé sa barque, sa *belle maison*, M. Riom y tient !

Tout aura été source de profits pour lui ! Réclames et éloges à outrance, poussés jusqu'au ridicule — rubans de toutes couleurs, le rouge comme le violet — subventions — bourses et finalement heureuse liquidation, dont la Ville et l'Etat feront les frais.

En apparence, jamais mortel plus chanceux n'exista sous la calotte des cieux. En réalité, M. Livet, qui ne s'emballait pas comme M. Riom, ne se faisait pas illusion sur sa situation et sa *réussite*.

On dit que j'ai réussi, disait-il parfois, et il poussait alors un soupir, suivi d'un **Ah !** douloureux, qui avait son éloquence, puis faisant un retour en arrière, il regrettait sa modeste pension de la rue d'Alger, où il pouvait acquérir une modeste aisance, qui lui permettrait aujourd'hui, et même depuis longtemps, de vivre avec sa famille, à l'abri de toute inquiétude.

Ce que c'est que l'ambition mal entendue !

CHAPITRE XIV

Encore la Maison Livet — Encore M. Riom avec son nouvel exposé administratif — Vente ajournée — Vous repasserez une autre fois

Nous sommes au 17 mai 1893. Il y a un an, à quelques jours près, que Nantes a l'honneur d'avoir M. Riom pour maire, il y a aussi un an que le *Phare* lança le premier ballon d'essai au sujet de la vente de l'Institution Livet, et, l'affaire, la grande affaire de M. Riom n'a pas fait un pas. Aussi M. le Maire, impatient, revient à la charge avec une nouvelle ardeur ; ce n'était pas la peine de tant se presser pour remporter une nouvelle veste. Mais il finira par s'y habituer.

Voici comment le *Phare* raconte la chose à la date précitée :

CONSEIL MUNICIPAL

« M. LE MAIRE lit l'exposé administratif relatif à l'achat de l'établissement Livet, par la ville, pour y créer une *école professionnelle.*

» L'exposé rappelle les premières conditions dans lesquelles l'affaire fut entamée et les correspondances échangées avec le Ministre de l'instruction publique et le Ministre du commerce.

» La dernière lettre du Ministre du commerce dit que si l'école est remise à l'Etat elle sera réglée par le décret de 1892, c'est-à-dire que les professeurs seront payés par l'Etat, mais il restera à la charge de la ville les indemnités de résidence et de traitement, ainsi que l'entretien des bâtiments.

» Depuis, M. le Maire a vu M. le Ministre : une entente n'est pas encore intervenue mais le Ministre a invité le Maire à lui faire de nouvelles propositions fermes..

» C'est dans ces conditions que l'administration propose, en l'état, l'achat de l'établissement Livet, à un prix qui ne dépassera pas 550,000 francs, laissant à l'Etat les frais d'entretien des professeurs, les indemnités de résidence et l'entretien du matériel et des bâtiments.

» La Ville n'aurait à se charger que des frais d'internat. Les 550,000 francs seraient payés au moyen d'un emprunt remboursable en 30 ans, au moyen de 1 centime 750 millièmes.

» M. le Maire donne la parole au rapporteur de la commission spéciale.

» M. Brunschvicg demande, avant la lecture de ce rapport, à présenter une observation préjudicielle.

» Le rapport de M. Lebrun n'a pas encore reçu l'approbation de la commission, qui n'était pas en nombre, pour statuer, le jour où il lui en a été donné lecture. Des observations et rectifications peuvent y être apportées ; il importe donc, avant tout, que la commission formule son avis ; puis il faut que le rapport soit imprimé et distribué aux membres du conseil avant de passer à la discussion d'une aussi importante question. L'orateur demande donc l'ajournement.

» M. Jouon appuie la demande de M. Brunschvicg, car il aurait fait la même proposition si son collègue ne l'avait pas devancé.

» M. Montfort, s'appuyant sur le règlement, dit que la commission a été régulièrement convoquée. Si elle ne s'est pas trouvée en nombre, ce n'était pas une raison pour arrêter l'affaire. Les dossiers ont été à la disposition du conseil et les observations, qui pouvaient être faites, le seront avec plus de force devant le conseil.

» Il faut remarquer que M. Livet se préoccupe de la solution de cette affaire, depuis longtemps, et que les retards apportés à la solution de la question risquent de lui faire un très grand tort.

» M. le Maire. — Il faut penser, d'ailleurs, que le rapporteur a reproduit fidèlement, dans ses conclusions, les débats de la commission et, dans ce cas, on peut passer au débat.

» M. Brunschvicg. — Quelque sympathique que puisse être

la personnalité de M. Livet, je ne saurais sacrifier les intérêts financiers des contribuables aux préoccupations d'un homme.

» M. Montfort dit que s'il a parlé de l'intérêt d'un particulier il ne sacrifie en rien l'intérêt de la ville, car pour lui l'intérêt général passe toujours le premier et avant tout.

M. Brunschvicg en est convaincu, et c'est à ce point de vue que le conseil ne peut statuer dès ce soir. Le rapport de la commission spéciale n'a pas été lu devant la majorité de la commission, il n'a pas été distribué au conseil. Ce ne serait plus la peine d'avoir des commissions spéciales, si le règlement qui les concerne n'est pas appliqué.

» M. Jouon. — Nous ne sommes pas en état de discuter la question aujourd'hui. Un retard de quelques jours est nécessaire.

» M. le Maire fait remarquer que l'impression du rapport n'est pas obligatoire et que l'administration s'est tenue dans l'esprit et dans la lettre du règlement.

» M. Jouon insiste, quant à l'esprit du règlement, qui dit que les commissions spéciales ont la faculté de faire imprimer et distribuer les rapports.

» M. Ponceau dit qu'au sein de la commission il a été proposé des changements, quant au chiffre, que l'on voudrait réduire à 500,000 francs. Il ne voit pas l'inconvénient de renvoyer l'affaire à une séance prochaine.

» Après les observations de MM. Maublanc et Lebrun, l'affaire est renvoyée à la commission spéciale.

— Donc affaire ajournée ! Que voulez-vous ? Tout n'est pas rose dans la vie de maire, il y a de petits contre-temps, comme celui-ci, qu'il faut savoir endurer philosophiquement. Une autre fois mieux, M. le Maire, peut-être ? En tout cas, repassez, nous verrons !

Voilà ce que, en langage très poli, ont eu l'air de dire au « cher élève » MM. Brunschvicg, Jouon et même Ponceau, l'une des brillantes lumières du Conseil de 1892-96, lumière aujourd'hui éteinte. *Requiescat in pace !*

Nous ajouterons que c'est avec un vif regret que nous avons vu M. Benjamin Montfort, pour lequel nous professons une grande estime, faire campagne, en faveur de l'achat de la Maison Livet, achat qui ne peut valoir, aux entremetteurs, qu'une grande responsabilité et peut-être d'amers regrets : *Tout ce qui brille n'est pas or !*

Ceci soit dit sans être *prophète*, comme M. Riom, ni même fils de prophète.

M. Benjamin Montfort, nous nous plaisons à le dire bien haut parce que c'est la vérité, est fils d'un père, chef d'institution à Nantes, lequel était l'antipode de M. Livet. Autant celui-ci cherche à faire du bruit autour de son nom, autant M. Montfort aimait l'ombre et l'obscurité, se contentant de remplir son devoir et de faire le bien dans le silence. Il a instruit des centaines et des milliers de jeunes gens, sans tambours ni trompettes, ce qui ne l'a pas empêché d'instruire et d'élever parfaitement ses enfants, d'acquérir l'estime publique en même temps qu'une modeste aisance pour ses vieux jours. Il s'est éteint, sans bruit, sans avoir décroché, dans aucun ministère, le moindre petit bout de ruban, à plus forte raison sans le plus petit bout d'oraison funèbre et la moindre plaque commémorative.

Il en a été de même de MM. Noyrit, Tourault, Papot, Le Blanc Jules, Martin, Duvacher, égaux, ou bien supérieurs à M. Livet, qui, eux aussi, ont eu leurs beaux jours, dans divers quartiers, sans avoir jamais

— —

fait retentir tous les journaux de Nantes du bruit de leurs exploits scientifiques et littéraires.

Nous ne parlerons que, pour mémoire, du triste Moisan, qui, lui aussi, a voulu marcher de loin sur les traces de M. Livet et qui a eu une double fin si lamentable : *Dieu veuille lui avoir pardonné!*

CHAPITRE XV

Deux petites nouvelles de la Maison Livet

Donnons, en passant, deux petites nouvelles sur la Maison Livet, pour qu'on ne l'oublie pas, pendant les vacances.

La première concerne la distribution des prix du 2 août 1893 et le discours prononcé à cette occasion.

Nous remarquons qu'il respire un certain air de tristesse, qui contrastait avec la bruyante joie de mai 1892 et de janvier 1893, quoique ce petit discours fut tout entier consacré à rappeler les brillants succès d'élèves, qui avaient débuté à la pension Livet et terminé leur instruction ailleurs. Ce sont toujours les mêmes noms, qui passent et repassent sans cesse ; et qui servent de réclames pendant 60 ans et même davantage ; c'est un article inusable! Par la même occasion, on énumère les exploits scolaires de l'année 1892-1893.

La deuxième nouvelle nous vient du Conseil municipal.

Nous extrayons du compte rendu du *Phare* le passage suivant :

M. Guibourd demande à M. le Maire, ce qu'on fera de l'école professionnelle des garçons, si l'on achète l'institution Livet, et si l'on ne pourrait pas en faire une école professionnelle de filles.

Et M. Riom lui explique que l'école professionnelle actuelle sera une *école municipale*, tandis que l'établissement Livet deviendrait une *école nationale*.

— C'est le monde renversé ; la baraque sera nationale et le palais sera municipal. Et, voilà ! Si M. Guibourd n'est pas content de cette réponse, cela prouve qu'il est trop difficile à contenter.

CHAPITRE XVI

Grande bataille — Ecrasement complet de M. Riom et de sa petite troupe — Malgré son humiliante défaite, M. Riom conserve son écharpe — Il se retire sous sa tente, pour préparer sa revanche, quand il aura trouvé du renfort

Nous empruntons, comme toujours, au *Phare*, le récit de la bataille engagée au Conseil municipal, le 23 octobre 1893, au sujet de la sempiternelle question Livet.

CONSEIL MUNICIPAL DE NANTES — INSTITUTION LIVET

« M. Montfort fait remarquer que les conseillers ont reçu communication du rapport de M. Lebrun. Le rapporteur limite le chiffre du prix d'achat à 500 000 francs, tandis que l'Administration demandait 550.000 francs. L'Administration se rallie au prix de la commission.

» La seule différence, qui les sépare encore, c'est que l'Administration veut se réserver le droit *d'exploitation* du pensionnat, tandis que la commission l'abandonne à l'Etat.

» Brunschvicg proteste d'abord de sa sympathie pour MM. Livet père et fils, directeurs d'un établissement considérable. De nos concitoyens, les uns sont d'anciens élèves de cette maison, *les autres regrettent de ne pas l'être* (très joli !) tous se sentent animés, vis-à-vis de ces messieurs, de ces sentiments affectueux, qu'il faut oublier, ce soir, pour n'examiner que le mérite de l'affaire en elle-même.

» Comment le Conseil en a-t-il été saisi ? — Dès sa première séance, du 31 mai 1892, M. le Maire posait un premier jalon, puis vint le 1er août, une proposition plus nette, qui amenait la nomination d'une commission spéciale. Ce sont les travaux de cette commission que vous avez à apprécier aujourd'hui.

» Ah ! s'il s'agissait, ce soir, de remanier l'enseignement industriel et commercial de Nantes, et, pour arriver à ce but, s'il fallait supprimer l'école des sciences, modifier l'école professionnelle municipale, créer une école supérieure de commerce, avec une subvention de 30.000 francs de la Chambre de Commerce, ce serait à voir, et je réserverais mon opinion. Mais cette proposition, personne ne la fait, et nous n'avons qu'une seule question à discuter, l'acquisition de l'établissement Livet.

» Est-elle utile ? — Peut-être le serait-elle, si nous n'avions pas d'école professionnelle. Mais à quoi bon deux écoles ? Si l'école professionnelle municipale est trop petite, agrandissez-la, mais n'en acquérez pas une autre. Savez-vous ce que deviendra la clientèle actuelle de la maison Livet ? Elle changera avec le programme. Que seront les élèves nouveaux ? Y en aura-t-il beaucoup ? Recevrons-nous beaucoup d'étrangers dans notre département ? Qui le sait ? A Nantes, beaucoup de pères de famille préfèrent l'apprentissage à l'atelier, à l'apprentissage plus théorique de l'école, si bien que nous allons peut-être réaliser une acquisition, qui profitera surtout aux départements voisins et très peu à nos propres concitoyens.

» Mais, il y a une objection plus grave encore, c'est qu'aucune entente préalable n'existe jusqu'à présent entre le gouvernement et la municipalité. La ville veut que tous les traitements des professeurs soient à la charge de l'Etat, ainsi que les indemnités de résidence, l'entretien de l'immeuble, le chauffage, l'éclairage, etc., et l'Etat s'y refuse absolument.

» Voilà ce que révèle le dernier mot de la correspondance échangée entre M. le Maire de Nantes et les Ministres de l'instruction publique et du commerce. A la vérité, M. le Maire nous affirme que depuis, à Paris, *de vive voix*, il s'est *presque* entendu avec le ministère. Mais des écrits ne vaudraient-ils pas mieux que des paroles, étant donné que les ministres changent et que le nouveau titulaire peut ne pas partager sur l'affaire Livet l'opinion de son prédécesseur? N'avons-nous pas vu, après M. Bourgeois, favorable à l'acquisition, M. Poincarré qui n'y tenait guère, nous renvoyer au Ministre du commerce, M. Terrien, qui n'y tenait pas davantage.

» Au fond, l'Etat n'est nullement entiché de cet achat et il ne semble guère se soucier de fonder une école d'apprentissage dans l'Ouest. S'il y tenait, il nous eut proposé des sacrifices plus considérables. A Vierzon, sur 3 millions de dépenses, la ville n'a payé que 157.500 fr. A Voiron, sur 1.500.000 fr., la ville a contribué pour 390.000 francs et l'Etat a construit une école maternelle et une école primaire, comme annexes à l'école professionnelle, déchargeant la commune de cette dépense. Même situation à Armentières, et à nous, qui donnons 500 000 francs, l'Etat n'accorde que 200.000 francs de réparations. Où est la proportion entre le concours de l'Etat et les sacrifices que nous ferons?

» D'autres villes, dit-on, aspirent à posséder une école professionnelle ; au dossier, rien ne l'indique, mais en fût-il ainsi, qu'est-ce qui nous fait connaître l'importance de l'allocation qu'elles donnent et la part de l'Etat ?

« D'ailleurs le chiffre de 500,000 francs est excessif, *non pas que M. Livet en tirerait des rentes. Je suis le premier à recon-*

naître que tout serait absorbé par des créanciers hypothécaires et autres, qui seront les seuls à tirer profit du vote qui est sollicité de tous. Quant à l'opinion publique, elle se demande pourquoi cette acquisition d'un *établissement, qui ne gagne pas d'argent, et si la ville va se mettre à acheter toutes les maisons d'éducation qui n'ont pas la bonne fortune* de réussir.

» Mais quelques membres de l'administration songent à exploiter l'internat et y voient d'avance une source de revenus pour le budget. On parle de 12 à 15,000 francs de bénéfices annuels. Rien n'est plus problématique. A Vierzon, à Voiron, à Armentières, ce n'est pas la ville qui exploite l'internat, c'est l'État; mais rien ne dit qu'il gagne de l'argent. Il prend cependant des prix modérés : 500 francs pour l'internat et 200 francs pour la demi-pension.

» A Nantes, l'administration se propose de prendre 600 fr., chiffre trop élevé, si on le compare soit aux tarifs actuels de M. Livet, soit aux prix des autres écoles nationales professionnelles, soit à la fortune des chefs de famille, dont vous espérez avoir les enfants.

» Mais même avec ce chiffre de 600 francs vous ne gagnerez rien. Il résulte, en effet, d'un projet de budget, dressé par M. Livet lui-même et inséré au rapport administratif du 1er août, que les dépenses de l'internat seraient de 156,000 fr. et les recettes de 163,000 fr., soit un bénéfice de 7,000 fr. s'il y avait dans la maison 220 pensionnaires à 650 fr.

Or comme la ville ne fixe pas le chiffre de 650 fr. mais seulement de 600 fr., c'est une réduction de 11,000 fr. et le bénéfice (même si tous les autres chiffres étaient exacts et ils ne le sont pas) se change en une perte qui ne peut que grossir. En résumé, l'acquisition de la Maison Livet paraît à M. Brunschvieg une *opération inutile et dangereuse,* et c'est pourquoi il ne la votera pas.

» M. le Maire laisse à M. Montfort le soin de répondre sur la question générale. Il ne veut répliquer que sur certains faits.

» La correspondance s'arrête, en effet, au mois d'avril, et depuis il y a eu de nombreuses démarches. *Il est vrai que l'État ne semble pas beaucoup tenir à établir, à Nantes, une école professionnelle d'apprentissage.* Mais si le Conseil vote l'achat nous nous présenterons, à Paris, pour réclamer l'exécution d'engagements sérieux quoique verbaux. Si le gouvernement ne ratifiait pas il n'y aurait rien de fait.

» Ce soir, il s'agit donc de savoir si, en principe, le Conseil veut l'achat, alors l'administration pourra discuter les questions d'indemnité de résidence ou autres.

» *Si, dès à présent, le budget de l'école se solde par quelques milliers de francs de bénéfice,* ce chiffre augmentera une fois que nous serons débarrassés des indemnités de résidence.

» Il faut voir si le Conseil croit qu'il est de l'intérêt de la ville de conserver cet établissement de l'enseignement primaire supérieur.

» M. LE ROMAIN est de l'avis de M. Brunschvicg. Il a entendu les explications de M. le Maire, qui dit que des démarches ont été faites à la suite des correspondances, dont il a été question. Il regrette que M. le Maire n'ait pas obtenu du ministère une lettre d'engagement ferme, dans un sens favorable, ce qui était d'autant plus nécessaire que les seules correspondances ministérielles n'offrent que des solutions inacceptables, au dire même de M. le Maire.

» L'orateur rappelle ce qui s'est passé lors de la création de l'annexe de la *Villa Maria.* Sur la foi d'un ancien préfet, disant que la ville prendrait à sa charge seulement la moitié de la dépense, et l'Etat l'autre moitié, le Conseil vota les crédits et l'emprunt nécessaires, et quand le Conseil eut réglé la moitié des dépenses et se retourna vers l'Etat, le Ministre répondit qu'il n'avait jamais promis que 10,000 fr. Des réclamations furent faites, mais on menaça de ne rien nous donner et force fut à la ville de payer la somme entière.

» C'est en raison de cette manière de procéder que M. Le Romain réclame un engagement formel de l'Etat, avant d'entamer une dépense.

» M. LE MAIRE. — Ce qu'a dit M. Le Romain est parfaitement exact, mais n'a aucun rapport avec la question qui nous occupe. Il n'engagera jamais la ville avant d'avoir des promesses sérieuses de l'Etat. Supposons que le Maire ait mal compris et que le Ministre revienne sur ses promesses, il n'y aurait rien de fait.

» M. Montfort veut s'attacher à démontrer que l'achat est utile et nécessaire. L'instruction professionnelle se divise en deux branches : les écoles primaires supérieures professionnelles et les écoles professionnelles municipales d'apprentissage. Ces dernières écoles n'existent pas et il faut les créer ; c'est l'application du programme démocratique.

» L'enfant sort de l'école à 11 ou 12 ans, pour entrer en apprentissage ; cet enfant perd ses connaissances générales.

» Si l'enfant entre dans la petite industrie, il passe ses premières années dans des travaux domestiques. S'il entre dans la grande industrie, il ne peut faire d'apprentissage sérieux, étant donnée la division du travail nécessaire pour la production à bon marché.

» Dans ces écoles spéciales l'enfant maintiendra ses connaissances. Il fera un apprentissage sérieux et sortira de l'école capable d'entrer dans tous les ateliers.

» L'orateur examine ce qui se passe au Havre et à Rouen. Dans cette dernière ville, il y a une école primaire supérieure et une école municipale d'apprentissage. Au Havre, il y a également une école d'apprentissage pour laquelle on a fait de très grands sacrifices.

» Une école d'apprentissage est nécessaire à Nantes. Tout à l'heure on disait qu'on pouvait agrandir l'école professionnelle. Cela n'est pas possible pour le moment. On dira : supprimez le cours préparatoire. Si vous le supprimez, il faudra créer une autre école communale, créer un matériel pour l'école d'apprentissage. Ce matériel coûterait 450,000 francs au moins.

» La loi, d'ailleurs, s'oppose à ce que nous donnions satisfaction à ce vœu, car elle sépare complètement les deux branches d'enseignement.

» M. Montfort croit que la création de l'école d'apprentissage s'impose, elle est nécessaire pour la classe ouvrière.

» En ce moment une circonstance favorable se produit. Nous devons profiter de la situation actuelle pour nous entendre avec l'État.

» Les programmes correspondent à ce que nous demandons. Les élèves de 3e année ont 7 heures d'atelier.

» Passant à l'exploitation du pensionnat, M. Montfort explique les motifs qui poussent l'administration à conserver cette exploitation, sur laquelle il reconnaît que les meilleurs esprits peuvent différer d'opinion.

» Il fait remarquer que, dans diverses écoles ou collèges, l'internat est en régie et à la charge des directeurs.

» A Angers, où le prix de la vie est le même qu'à Nantes, le prix de la pension est de 500 francs et l'on joint les deux bouts. Comme à Nantes, le minimum sera de 600 francs, il y aura donc bénéfice pour la Ville.

» L'orateur cite beaucoup d'autres villes et, de l'ensemble des prix, il résulte que l'on pourrait avoir 75 fr. de bénéfice par élève.

» M. Livet promet, si on le charge du pensionnat, au prix indiqué, de donner à la ville 50 fr. par élève. Ce serait donc un bénéfice de 8,000 fr. environ qui viendrait en diminution sur les 28,000 fr. nécessaires pour l'amortissement.

» M. LE ROMAIN dit que M. l'adjoint a cité les documents les plus favorables à sa thèse, mais à côté il y en a beaucoup de défavorables, et l'un d'eux disait même que *l'exploitation du pensionnat par la ville est* une ruine.

» M. MONTFORT. — C'est vrai, mais nous sommes en présence d'une offre ferme de M. Livet.

» M. JOUON compare les programmes des écoles d'apprentissage et celui de notre école professionnelle et il trouve que le nombre d'heures de travail manuel est le même.

» Dans ces conditions pourquoi préparer une seconde école puisque la première rend les mêmes services.

» Il s'agit de savoir si le nombre des enfants qui réclament cet enseignement manuel ne peut pas l'obtenir. C'est ce qu'il fallait démontrer, et ce que l'on n'a pas fait. L'urgence n'est pas démontrée.

» L'orateur n'est pas plus d'accord avec M. Montfort en ce qui concerne l'exploitation du pensionnat. On dit que nous aurons 180 élèves; qu'est-ce qui le prouve?

» Aujourd'hui M. Livet a un assez bon nombre de pensionnaires, parce qu'il a créé son école et que son autorité s'impose. Mais les familles continueront-elles à y envoyer leurs enfants en présence d'un programme nouveau ?

» M. Jouon dit que, pour arriver à un arrangement, il faudrait au moins que les parties contractantes fussent d'accord, et vous n'avez aucun engagement de l'Etat.

» L'achat de l'Institution Livet n'est pas si utile que cela. M. Jouon s'en est entretenu, en ville, avec beaucoup de gens qui ne sont pas ses coreligionnaires politiques. Eh bien ! sauf les anciens élèves, les autres ne se rendent pas compte de la nécessité de cet achat. Pourquoi acquérez-vous cette maison ? M. le Maire nous dit : Votez en principe l'acquisition et nous pourrons mieux discuter ensuite avec l'Etat.

A quoi bon voter ? Vous avez déjà discuté, avant notre vote ; vous n'avez qu'à continuer et à nous apporter des engagements fermes.

L'orateur conclut, en disant qu'il votera contre les conclusions de l'Administration.

M. Malherbe fait ressortir les services que rend l'Etablissement. Il dit que des enfants de Brest sont obligés d'aller jusqu'à Vierzon pour recevoir l'enseignement professionnel ; s'ils trouvaient une école sur leur route, ils s'y arrêteraient.

La Ville doit s'enorgueillir d'avoir une école qui attire des élèves de 20 départements. Nous ne devons pas laisser disparaître une école de cette importance ; c'est en nous désintéressant ainsi, que nous perdons des établissements importants.

M. Thouvenin parle en faveur de l'achat de l'institution Livet.

M. Leduc a la parole. Ce qui préoccupe le plus l'orateur, c'est non les bénéfices ou les dépenses, mais *le degré d'utilité de l'institution.*

» Il ne peut voir quelle distinction il y a entre les écoles professionnelles et les écoles d'apprentissage, car cette distinction est très subtile.

» Si notre école professionnelle est insuffisante, il est prêt à faire les sacrifices nécessaires pour l'améliorer. Il croit qu'il serait plus économique d'agrandir l'école professionnelle, que d'en créer une autre à côté, avec un programme à peu près identique.

» Il ne votera pas le projet, car il n'en voit ni l'utilité, ni l'urgence.

M. Thouvenin dit que l'agrandissement coûtera très cher, car il faudra créer un matériel et payer des professeurs.

M. Moncourt croit que l'achat est utile.

M. Leduc dit que si l'enseignement de l'institution Livet change, les élèves ne seront plus les mêmes et l'on ne sait quel en sera le nombre.

M. le Maire dit que plus on fera d'agrandissements à l'école professionnelle, plus le nombre des professeurs augmentera et partant la dépense.

A l'institution Livet, au contraire, la dépense sera une fois faite et nous n'aurons plus à nous en occuper.

M. Jourdanne. Le projet charge la ville pendant 30 ans.

M. Montfort maintient que la loi de 1892 a parfaitement tranché les deux sortes d'enseignement et nous n'avons pas à les confondre.

» Dans tous les arguments, qui ont été opposés au projet, pas un seul ne parlait de la lutte que sont obligés de soutenir les industriels nantais. Il faut y songer cependant et mettre l'industrie à même de soutenir cette lutte contre le Havre et Rouen.

» L'orateur indique quel sera le rôle des deux écoles. A l'école primaire supérieure se fera l'enseignement commercial et à l'école Livet se fera l'enseignement professionnel. Qu'est-ce qui a fait les succès de M. Livet? Ce sont les réceptions annuelles d'élèves aux écoles des Arts-et-Métiers et des élèves apprentis mécaniciens de la flotte. Cet enseignement sera continué, et comme on le voit, parfaitement tranché.

M. Leduc dit qu'il n'a fait aucune confusion. On a cité la loi de 1892, qui classe les écoles, sous un ministère ou sous un autre. Pour lui, il croit qu'avoir affaire à un seul ministre est plus économique.

» Il a déclaré que si l'on démontrait l'insuffisance de l'école professionnelle, il était prêt à tous les sacrifices, mais on ne démontre pas cette insuffisance et il ne voit pas l'utilité de créer une école d'apprentissage, dont le programme est le même que celui de l'école professionnelle.

M. LE MAIRE met aux voix la proposition, concernant l'achat de l'établissement Livet, au prix de 500.000 francs, laissant à l'Etat les frais d'entretien, et les traitements des professeurs, ainsi que les dépenses annuelles quelles qu'elles soient. »

Le scrutin public est demandé, en voici le résultat :

NON : MM. Maublanc, Guibourd, Catta, Le Romain, Flornoy, Jouon, Espitalié-Lapeyrade, Chancy, Manson, Jourdanne, Leduc, Brunschvicg, Brunet, Gabory, Couradin.

OUI : MM. Riom, Montfort, Letourneux, Malherbe, Etiennez, Ponceau, Thouvenin, Lebrun, Moncourt.

ABSTENTIONS : MM. Teillais, Goullin, Liébault, Benoit, Guisthau.

En somme les conclusions de l'Administration sont repoussées par 15 voix contre 9 et 5 abstentions.

En vertu du principe : *Qui n'est pas pour moi, est contre moi*, le projet du « cher maître » et maire était repoussé par 20 voix contre 9.

Après ce vote significatif, il ne restait plus à M. le Maire Riom qu'à endosser sa *veste*, ce qu'il a fait, et à déposer son écharpe, ce qu'il n'a pas fait, preuve qu'il a l'humeur accommodante et tenace, et que rien ne lui coûte, du moment qu'il s'agit de rendre service à son « cher maître. » On ne trouve plus d'élèves comme çà !

Nous ne reviendrions pas sur l'intéressante discussion, que nous venons de mettre sous les yeux de nos lecteurs, si ce n'était pour faire remarquer la force des arguments de MM. Brunschvicg, Le Romain, Jouon, Leduc, Jourdanne, à côté des piètres raisons invoquées par MM. Riom, Malherbe, Thouvenin, etc., pour vouloir faire une absolue nécessité d'une simple fantaisie municipale. Seul M. Montfort, quoique avocat d'une mauvaise cause, s'en est assez bien tiré et a trouvé quelques bonnes raisons, à l'appui de sa thèse.

Seulement, ce qu'il n'a pas remarqué, c'est que la ville a assez de vieilles dettes à acquitter pour s'en imposer de nouvelles, et que si de nouveaux emprunts sont absolument nécessaires, il est à souhaiter que leur produit ait une destination plus utile que l'achat de la Maison Livet, achat dont la nécessité ne se fait pas plus sentir sous M. Riom que sous ses distingués prédécesseurs.

A cet égard, nous sommes entièrement de l'avis de M. Jouon, lorsqu'il disait au cours de la discussion : « L'achat de la Maison Livet n'est pas si utile que cela. Je m'en suis entretenu, en ville, avec beaucoup de gens, qui ne sont pas mes coreligionnaires politiques. Eh bien ! sauf les anciens élèves, les autres ne se rendent pas compte de la nécessité de cet achat ».

C'est absolument vrai. Qu'importe la Maison Livet aux parents, qui envoient leurs enfants aux écoles communales, aux écoles chrétiennes, aux pensionnats de Toutes-Aides, de Bel-Air, de la Madeleine, à l'Externat des Enfants-Nantais, à Saint-Stanislas, au Collège des Couëts, à la Psalette, à la Collégiale de Saint-Donatien, au Lycée petit ou grand, à l'École professionnelle, etc., etc., pour ne parler que des établissements de Nantes.

Tous les parents, qui envoient leurs enfants là et

ailleurs, s'inquiètent de la Maison Livet *comme un poisson d'une pomme.*

Ce n'est pas une raison, parce que les courtisans de M. Livet font beaucoup de bruit dans les journaux, à la Renaissance, au Parc d'horticulture, aux salles Florent et Gault, qu'ils sont légion !

CHAPITRE XIX

Referendum ou Souscription

Après le vote *déplorable* du 23 octobre 1893, M. Riom avait deux moyens à sa disposition, pour se venger des 20 qui ont fait défection, soit en votant contre son projet, soit en s'abstenant ; c'était de recourir à un *referendum* pour la ville de Nantes, ou d'ouvrir une souscription dans « *les 20 départements* » qui alimentent d'élèves la Pension Livet.

Parlons d'abord du *referendum*. Tenez, nous allons lui en raconter un exemple récent. Tout dernièrement il était question d'un emprunt de 500,000 francs à contracter par la ville de Fougères pour doter la ville d'un *4e bataillon*. A ce sujet, la municipalité a imaginé de consulter toutes les personnes, hommes et femmes, inscrites au rôle des contributions directes. Le *referendum* a eu lieu et voici les résultats qu'il a donnés :

Electeurs inscrits : 1,805 hommes, 477 femmes.

Votants : 1,434. *Résultats :* NON, 1,329 ; OUI, 99 ; NULS, 6.

Cela prouve que la population de Fougères ne raffole pas des quatrièmes bataillons ; mais, à Nantes, comme l'amour pour M. Livet va jusqu'à l'adoration, nul doute que le résultat eût été tout autre et de nature à fermer la bouche aux orateurs Brunschvicg, Jouon, Leduc, Jourdanne, Le Romain, qui n'avaient pas suffisamment le sentiment des grandes choses, pour apprécier, à sa juste valeur, tout ce que le maire Riom se proposait de faire pour Nantes.

Un autre moyen, qui s'offrait à M. le Maire, de se venger de l'humiliant échec que lui avaient infligé les 20, c'était de faire appel à tous et à chacun des anciens élèves — qui au dire du maître *occupent des situations honorables plus ou moins enviées* — pour une souscription en faveur de leur vieux maître.

M. Riom, pour prêcher d'exemple et en sa triple qualité de Maire de Nantes, de président de l'Association amicale des anciens élèves et d'élève *cossu*, se fut mis en tête de la liste pour la bagatelle de 50,000 fr.

Supposons, maintenant, que chacun des autres élèves, moins *cossus*, eût souscrit pour une somme de 100 francs seulement, et que le nombre des élèves survivants en 1893 fût de 5,000, cela eût fait une somme : 100 × 5,000 = 500,000 fr., et avec les 50,000 fr. de M. Riom : 550,000 francs, c'est-à-dire à peu près la somme que M. Livet demandait primitivement à la Ville.

Si les choses s'étaient passées ainsi, quelle mine longue eussent faite les 20 conseillers opposants ou *abstenants ?*

Mais M. Riom n'en a pas pensé si long ; il préférait mettre la ville à contribution et se contenter d'une maigre souscription, pour offrir un buste à son ancien « maître ». Un buste ! Quel harpagon !

CHAPITRE XVII

Le projet Riom sommeille — En revanche les réclames redoublent — Fête du buste — Arrivée de M. Livet à Nantes — Assistants de marque à la fête — Défilé en bon ordre, musique en tête — Discours de M. Riom — Première histoire de M. Livet — Terrible concurrence congréganiste — Quand tous tombent autour de lui, lui seul reste debout — Discours de M. Fretaud — Discours de l'élève Cheminant — Tribut d'hommages, au nom de la magistrature, de M. Heimburger ; au nom de la société Académique, par M. Gahier — Vers de M. Morel, poète de la société Académique — Offrande de bouquets par les élèves — Jour de congé accordé en l'honneur de la fête du 3 juin — Album offert par les élèves, contenant les noms des souscripteurs, des dessins rappelant les phases de la vie de M. Livet, et les succès obtenus par lui — Remerciements de M. Livet aux élèves et au professeur qui les a dirigés — Chant de la Marseillaise et d'une cantate, dont les paroles sont de M. Fretaud et la musique de M. Rateau — Remise à M. Livet d'une aquarelle de M. Porquier.

Nous sommes au 5 juin 1894, et depuis la fameuse déroute du 17 mai 1893, essuyée par M. Riom et sa petite troupe de fidèles, il n'avait plus été question de M. Livet ni de sa maison. Cela ne pouvait durer ainsi! Heureusement que les fidèles mamelouks veillaient et allaient se rattraper de ce long silence, qu'on aurait pu prendre pour de l'oubli. Il fallait à tout prix laver l'affront du 17 mai 1893. C'est pourquoi le 5 juin 1894, il y avait branle-bas général dans la rue Sainte-Marie, et le soir grand banquet de 180 couverts à la salle Gault -- qui avait remplacé la salle Florent — le tout avec accompagnement obligé de tambours et de trompettes, d'illuminations et de feu d'artifice. Il n'y a pas de belle fête sans cela!

De quel grand évènement s'agissait-il donc? — Vous allez le savoir, le *Phare de la Loire* va vous raconter tout cela, avec son sérieux ordinaire. Ecoutez :

« Le 5 juin 1894, les anciens élèves de l'institution Livet, les élèves actuels et les professeurs de l'Etablissement ont voulu rendre hommage à l'habile directeur, qui, depuis 50 ans, donne avec dévouement l'éducation aux générations nantaises, en lui offrant son buste en bronze, dû à M. Le Bourg, le sculpteur, dont on admire le talent.

» C'est en 1846, que M. Livet arrivait à Nantes et ouvrait une école dans la rue des Capucins. Bientôt, il dut changer de local, pour s'établir dans la rue de la Verrerie, puis venir fonder bientôt après l'établissement de la rue Sainte-Marie. »

— Quelle vieille chronique! Le buste en bronze excepté, voilà une chose que nous avons entendu raconter cent fois, et il ne faut pas être Nantais, pour ne pas la savoir par cœur.

Le *Phare* continue :

« De cette école, sont sortis nombre de nos concitoyens, qui occupent aujourd'hui des *positions distinguées*. Tous ont tenu à s'associer à l'hommage fait à leur ancien professeur, en prenant part à la souscription, dont l'initiative est due à M. Ripoche. »

– *Positions distinguées*, nous connaissons aussi cet air-là, pour l'avoir entendu chanter bien des fois; seulement nous avons remarqué que ce sont toujours les mêmes hommes, au nombre d'une douzaine, tout au plus, qui servent de réclame et passent et repassent sans cesse devant les yeux, comme au théâtre, quand on exhibe des militaires sur la scène.

Le *Phare* reprend :

« C'est à l'occasion de la remise de ce buste, qu'avait lieu la magnifique fête de famille à laquelle il nous a été donné d'assister.

» La grande cour de l'établissement avait été complétement transformée par les soins de M. Petit-Demaison. Des estrades en gradin, parfaitement décorées, étaient installées pour recevoir les familles des élèves et les invités. L'estrade d'honneur était reservée aux autorités et aux anciens élèves.

» Au centre, devaient se placer les élèves derrière le buste encore recouvert d'un voile.

» Au premier rang de l'estrade, nous voyons M. Riom, maire de Nantes et président de la société des anciens élèves, M. Talva, président du Conseil des prudhommes et vice président de l'association, M. Bordillon, Conseiller municipal, M. Portejoie, inspecteur primaire, M. Bourdin, directeur des Chantiers de la Loire, M. Arthur Livet, frère du directeur et percepteur à Roanne, M. Bosdecher, conducteur des mines, M. Heimburger, substitut, M. Gahier, président de la Société Académique. »

En fait d'autorités, nous n'en voyons pas des *flottes*, comme on dit vulgairement. Il est vrai que le *Phare* ne parle que de ceux du premier rang, où se trouvaient les plus huppées, sans être des huppées de première classe.

Le *Phare* dit ensuite :

» Le bronze est d'une exactitude et d'une ressemblance parfaites, il fait honneur à l'artiste, qui a su reproduire la physionomie de M. Livet, et au fondeur M. Thiébaut.

— C'est parfait ! Quand M. Livet mourra, on pourra demander ce buste à ses héritiers, pour le placer au musée Dobrée, ou même dans la rue Sainte-Marie, au coin d'une borne, à moins qu'on ne préfère lui élever une statue dans un endroit plus apparent.

Continuation de la description de la fête :

« Une cérémonie pareille ne peut se passer sans discours et c'est à M. Riom, président de l'Association des anciens élèves, qu'il appartenait de commencer.

— Assurément, une pareille cérémonie ne pouvait se passer de discours, pas plus qu'une idole d'encens, et assurément, aussi, l'honneur de porter la parole revenait de droit à M. Riom.

Il dit si bien les choses, cet éloquent maire, qu'on croirait vraiment que le saint Esprit l'a gratifié du don des langues, en même temps que les municipaux le gratifiaient de l'écharpe. Jamais on ne vit maire plus loquace, surtout quand il s'agit de célébrer la grandeur de M. Livet et de sa maison.

Tenez, prêtez l'oreille, voilà le robinet qui coule !

» Cher Monsieur Livet,

» Les fonctions de président de l'Association amicale des anciens élèves de l'institution m'ont toujours été agréables ; je n'y ai rencontré que des satisfactions et le plaisir de retrouver des camarades.

» Mais ces fonctions me sont particulièrement douces en ce moment, puisqu'elles me fournissent l'occasion de vous remettre, au nom de tous vos élèves, un gage impérissable de leur reconnaissance.

» Ce que nous avons voulu, aussi bien ceux qui ont quitté l'école depuis longtemps, que ceux qui y sont encore, c'est d'offrir au maître, à l'ami, un témoignage de leur respect, de leur sympathie. Et je suis heureux d'ajouter que le plaisir que vous éprouvez, à la remise de ce buste, que nous devons au talent de notre compatriote M. Le Bourg, doit s'augmenter encore à la pensée de l'empressement, que chacun a mis à répondre à la demande qui lui était adressée.

» Les commissaires, chargés de recueillir les souscriptions, vous diront que partout ils ont reçu le meilleur accueil, que partout ils ont rencontré le même élan, le même désir de prendre part à la manifestation qui nous réunit.

» Qu'il me soit permis de les remercier de ce qu'ils ont fait, du résultat obtenu, et de remercier également tous les souscripteurs.

— Se mettre à deux cents — s'ils n'étaient pas davantage — nous ignorons le chiffre, pour offrir un buste, fût-il en bronze, à M. Livet, n'était pas précisément faire un acte de munificence, qui réclamât de la part des élèves assaut de générosité ; mais M. Riom n'a pas son pareil pour célébrer, en termes pompeux, les choses les plus vulgaires et les plus banales.

Laissons M. le Maire faire, pour la douzième fois au moins, le panégyrique de son « cher maître », panégyrique qui est tombé dans les lieux communs, à force d'avoir été ressassé.

» On comprend, Messieurs, que tous ceux qui ont été et qui sont encore les élèves de M. Livet, comme tous ceux qui le connaissent, aient tenu à s'associer à la fête d'aujourd'hui, lorsqu'on songe à ce qu'a été l'existence de notre vénéré maître depuis son arrivée à Nantes.

— Ceux qui ne la connaissent pas, sont ceux qui ne veulent pas la connaître, car elle a été publiée à un assez grand nombre d'éditions, cette fameuse existence, et, chaque année, on en publie quelque édition nouvelle.

Depuis la mairie Riom il y a recrudescence de publicité.

Nous avons lu, il y a plus de 25 ans, une notice biographique sur M. Livet (Eugène-Alexandre); elle était insérée dans un *Dictionnaire de Contemporains* — pas celui de Vapereau — qui devait être l'œuvre d'une troupe d'écrivains, constituée en société d'*Admiration mutuelle*, et dans laquelle chaque membre avait droit à sa notice de *célébrité*, en rapport avec sa souscription.

M. Riom continue :

» C'est en 1846 que M. Livet jeta les bases de ce *bel établissement*. Toutes ses forces, toute son activité, toute son intelligence n'avaient et n'ont encore qu'un but : aller en avant dans la voie du progrès.

— Quant à la date de 1846, il était inutile de nous la rappeler pour la troisième fois dans cet article. N'est-elle pas d'ailleurs gravée sur le marbre et sur le bronze, et s'il est, parmi les Nantais, quelqu'un qui ne la connaisse pas, cela prouve qu'il n'a pas la mémoire des chiffres; car pas n'est besoin d'être fort chronologiste pour la connaître.

Pour ce qui est du *bel établissement*, ce sont deux

mots que les imprimeurs de Nantes devraient faire stéréotyper pour épargner, à leurs employés, la peine de les composer à chaque fois. *Ils reviennent si souvent !*

Voyons la suite :

» **Mais il ne suffit pas de vouloir le bien pour réussir, il faut aussi le courage, l'énergie, la persévérance, pour accroître l'œuvre poursuivie.**

— Nous ne voulons pas dire que M. Livet se désintéressât du bien public dans l'œuvre qu'il poursuivait. Toutefois nous pensons qu'en songeant aux autres, il ne s'est jamais oublié lui-même, ce qui est permis, d'ailleurs, à un chef d'institution comme à un autre.

Pour ce qui est de la persévérance, elle ne lui a pas manqué, mais il a été souvent pris de défaillance depuis 1870. Dans ces moments, le courage et l'énergie lui faisaient complètement défaut.

M. Riom continue en ces termes :

» **Si aucun obstacle n'a arrêté M. Livet dans l'accomplissement de la tâche qu'il s'est imposée, il faut bien reconnaître que pas une difficulté ne lui a été épargnée.**

— De quel côté sont venues les difficultés dont parle M. Riom ? Pas du côté des gouvernements, au moins, qui ne lui ont ménagé, quoique instituteur libre, ni les subventions, ni les bourses, ni les décorations à lui et à ses maîtres, pourtant parfois assez médiocres.

Ce n'est pas non plus du côté des journaux qui, depuis 50 ans, lui ont donné de l'encensoir par le nez, plus qu'aucun autre mortel n'en a jamais reçu.

De quel côté donc sont venues les difficultés ? —

M. Riom est muet sur ce point, du moins pour le moment ; voyons la suite :

» Inconnu à son arrivée il se révéla bientôt. Mais les capitaux lui manquent pour faire *grand* et *beau* du premier coup ; il se vit contraint de débuter modestement ; bientôt il put abandonner la rue des Capucins, où il avait planté sa tente en arrivant à Nantes, et venir rue de la Verrerie. Là il grandit rapidement et vint, sans tarder, rue Sainte-Marie.

— C'est précisément à la suite de ce second déménagement, que sont venues à M. Livet ses grandes difficultés. S'il était resté rue de la Verrerie il jouirait aujourd'hui d'une honnête aisance, avec sa famille, et n'aurait pas été réduit à importuner tous les maires de Nantes et les journaux de ses réclames, pour sortir du pétrin où il s'est jeté, volontairement, en voulant faire trop *grand* et trop *beau*... Malheureusement ce sont les contribuables qui paieront.

M. Riom poursuit en ces termes le panégyrique de son « cher maître » :

» C'est ici même — dans la rue Sainte-Marie — qu'il lui a été donné de déployer toute son énergie et de montrer toutes ses facultés.

— Oui, mais pendant que M. Livet déployait toutes ses facultés dans la rue Sainte-Marie, M. Leloup déployait des facultés encore supérieures dans la rue des Coulées. Aussi MM. Leloup et Bouhier ont-ils toujours été les *bêtes noires* de M. Livet qui, de nature très ombrageuse, n'a jamais pu supporter aucune supériorité, aucune concurrence, en matière d'enseignement au moins. Il allait jusqu'à être jaloux de ce triste Moisan qui s'efforçait, cahin-caha, de le suivre de loin.

Pourquoi M. Livet a-t il échoué *malgré son énergie et toutes ses facultés* ?

Voilà ce que M. Riom va nous dire :

» Mais sa *réussite* se produit au moment même où s'engageait, avec plus d'intensité encore, la lutte entre l'enseignement laïque et l'enseignement congréganiste.

» Je n'entreprendrai pas de faire l'histoire de cette lutte, ce serait sortir du cadre de cette réunion (*admirez, en passant, cette expression pittoresque : du cadre de cette réunion !*) Mais je puis bien dire que la concurrence faite par les établissements congréganistes, aussi bien pour l'instruction primaire que pour l'instruction secondaire, devenait insoutenable pour les institutions libres. L'Etat lui-même, l'Université n'ont résisté qu'au prix des plus grands sacrifices, créant à grands frais des lycées, des collèges, entretenant des écoles coûteuses et réunissant de savants professeurs dont les émoluments ne sont pas à la portée de tous.

— Ah ! voilà donc toujours *où le bât vous blesse !* La concurrence, les écoles congréganistes. Il faudrait, pour faire plaisir au « cher maître » et au « cher élève », fermer tous les établissements congréganistes, pour permettre à M. Livet de faire ses affaires. Cela viendra peut-être un jour, mais le moment n'est pas encore venu !

Et puis, quel aveu dépourvu de tout artifice, que de dire : *L'Etat*, avec tous ses trésors et toutes ses faveurs, et l'*Université*, avec ses *savants professeurs*, ne peuvent *résister qu'au prix des plus grands sacrifices*, aux établissements congréganistes. M. Riom a déjà fait cet aveu dans un discours précédent et dans les mêmes termes, une fois c'était déjà trop !

M. Riom ajoute :

» En même temps, la commune édifiait notre école professionnelle de garçons et créait ses écoles communales.

Nous avons déjà dit, plus haut, que l'école professionnelle avait précédé l'école Livet (Voir la brochure de M. Bouhier à cet égard).

M. Riom continue :

» Le résultat de cette lutte ne se fit pas attendre et toutes les institutions privées disparurent les unes après les autres.

» Ils étaient nombreux à Nantes, il y a 40 ans, les pensionnats de jeunes filles et de garçons. Actuellement, de toutes ces maisons, il ne reste plus que l'institution Livet.

» Ce qui s'est passé à Nantes s'est également produit au dehors, si bien qu'il n'existe plus en France que des établissements congréganistes, *contre lesquels se défendent l'Etat et les communes.* »

A qui la faute, si un grand nombre d'établissements privés laïques de jeunes filles ou de garçons ont disparu à Nantes et ailleurs, sinon à la gratuité de l'enseignement. Combien de garçons et de jeunes filles, dont les parents possèdent de l'aisance, sont élevés gratuitement dans les écoles récemment fondées, et comment veut-on que des établissements, où l'on n'admet que des élèves payants puissent lutter contre ceux où l'enseignement est absolument gratuit, et même les fournitures.

Admirez en passant cette trouvaille de M. Riom : *L'Etat et les communes se défendant contre les établissements congréganistes.*

M. Riom nous dit que :

« L'institution Livet a eu le rare mérite de rendre des services au pays et à la ville de Nantes, sans être à charge à l'Etat, et sans coûter un centime à la commune. »

Il n'est pas exact de dire que M. Livet n'a jamais été à charge à l'Etat, puisqu'il a reçu plusieurs fois d'importantes subventions et qu'il reçoit encore de nombreux boursiers de l'Etat et du Conseil général. Mais admettons que ce soit un rare mérite, et que nous devions lui en être bien reconnaissants. Ce rare mérite, il est en train de le perdre, puisque depuis mai 1892, il sollicite, à cor et à cri, l'Etat et la Ville de prendre sa maison *et lui par-dessus le marché*, moyennant finances. Si le Corps législatif et l'Etat exaucent ses vœux, comme il n'en faut pas douter, M. Livet aura un *rare mérite* de moins. Heureusement qu'il lui en restera assez d'autres, que M. Riom pourra célébrer aux prochaines occasions.

M. Riom continue en ces termes son pathétique discours, qui ferait pleurer même les pierres :

« Dans ces conditions, il est facile de comprendre quelle a été la situation de M. Livet qui, aux difficultés matérielles de toute sorte, voyait encore se joindre une guerre sourde, menée par des envieux, des détracteurs intéressés, et même des amis de l'enseignement libre, mais qui, craignant de le voir prendre une importance trop considérable, ne craignaient pas, selon les besoins de la cause, les circonstances et les milieux, de le représenter comme *trop libéral ou voué à des idées rétrogrades.* »

Quant aux difficultés matérielles de toute sorte, M. Livet devait bien s'y attendre, et c'était présomption et témérité de sa part de penser pouvoir en venir à bout. Malheureusement, ce sont les contribuables que l'on veut contraindre à payer cet excès de présomption et de témérité.

Vous dites, M. Riom, que des *envieux*, des *détracteurs intéressés* faisaient une *guerre sourde* à M. Livet. Vous seriez bien embarrassé, s'il vous fallait en fournir la preuve et citer quelques noms ; mais en supposant que ce soit vrai, c'était guerre pour guerre alors, car M. Livet, homme personnel par excellence, n'était pas exempt de ce petit défaut qu'on nomme *jalousie de métier,* et partant, ne se gênait pas, de donner son petit coup de langue à ceux, intéressés ou non, qu'il jugeait ses détracteurs ; mais toujours, conformément à son tempérament, sans avoir l'air d'y toucher.

Vous dites aussi que *selon les besoins de la cause, les circonstances et les milieux*, on n'a pas craint : de représenter M. Livet *comme trop libéral ou voué à des idées rétrogrades.*

A qui la faute, si les opinions politiques et religieuses de M. Livet sont toujours restées à l'état d'équivoque et de mystère, sinon à lui-même « *qui ne veut pas être classé.* » C'est plus commode, plus lucratif peut-être, mais cela pèche par le manque de franchise. Il faudrait un autre Œdipe pour deviner l'énigme des opinions politiques et religieuses de M. Livet.

Tout ce que nous savons, c'est qu'en politique, M. Livet a eu ce qu'on nomme aujourd'hui *des opinions successives* ; à chaque culbute, il a toujours été un *rallié* de la première heure.

Louis-Philippe, ainsi que *sa belle famille*, eut ses premières amours. Ce roi voltairien mort et enterré, M. Livet, pas plus que M. Dupin aîné, ne *voulut se visser à un cadavre.* Il fit donc une petite risette à l'éphémère république de 1848, mais comme M. Livet n'aime que ce qui dure, après le coup d'Etat, il se rallia au dictateur de 1851, puis à l'empire, qui eut des bontés pour lui. L'empire tombé et les deux Napoléon père et fils morts et enterrés, M. Livet se rallia de nouveau, et passa avec armes et bagages, à la république. A la chute de *l'ordre moral*, M. Livet eut un moment d'hésitation : décoré par Mac-Mahon, à la prière des députés et des sénateurs de toutes les couleurs, depuis M. Laisant, jusqu'à M. de Lareinty, en passant par M. Gaudin, il fut quelque temps perplexe. Se rallierait-il, ou ne se rallierait-il pas ?... Mais l'habitude, qui est une seconde nature, prit le dessus ; après un bonjour poli donné par M. Livet à la république conservatrice, il se rallia à la république opportuniste ou radicale, suivant les ministres et les circonstances, sans négliger d'envoyer de temps à autre des baisers à ceux qu'il avait lâchés... momentanément. On ne saurait prévoir l'avenir !

Cette petite politique de ralliement perpétuel, bien comprise et bien pratiquée, a parfaitement réussi à M. Livet, à en juger par les compliments qu'il reçoit de gauche, de droite et du centre :

Si disposé au ralliement qu'il soit, M. Livet, qui n'est pas une girouette tournant à tous les vents, doit avoir, certainement, une opinion politique. Quelle est-elle ? — Ceci est son secret de derrière la tête ; tâchez de le lui arracher si vous le pouvez. Quant à nous, nous y renonçons.

Nous ne parlons, ici, que de ses opinions politiques, nous parlerons de ses opinions religieuses à la première occasion qui se présentera.

En attendant, laissons M. Riom continuer son petit boniment :

» M. Livet a résisté à tous les assauts grâce à son courage, à sa persévérance, à sa foi dans son œuvre, et grâce aussi à ce qu'il a toujours cherché à se tenir en dehors de toutes les compétitions, s'appliquant, avant tout, à faire des hommes soucieux de leur dignité, capables de comprendre leurs devoirs et d'être utiles à leur pays.

— Ah ! dans l'intérêt de sa cause, M. Riom fait un mérite à M. Livet de *s'être tenu en dehors de toute compétition*, c'est-à-dire d'avoir caché au fin fond de son cœur ses préférences politiques, parce que cela pourrait lui faire tort de les révéler. Pourquoi, ce qui est un crime pour les autres, est-il un mérite chez M. Livet ?

Tenez, pour vous montrer quelle est la valeur de votre verbiage, voici un fait qui s'est passé à Nantes, vers février 1893, c'est-à-dire environ 15 mois avant l'époque où M. Riom pérorait si bien à la salle Gault. Nous avions pour élève un jeune homme de 24 ans environ, nommé Belleil, né à Joué-sur-Erdre. Ce jeune homme avait fait ses études au pensionnat de N.-D. de Toutes-Aides, à la suite desquelles il avait obtenu le brevet de capacité. Il fit ensuite son service militaire où il parvint au grade de caporal, grade modeste, à la vérité, mais combien encore n'y parviennent pas après trois ans de service !

Un concours devait avoir lieu, quelque temps après son congé obtenu, pour l'admission de surnuméraires, dans le service des contributions indirectes. M. Belleil fit sa demande pour être admis à passer cet examen. Notez bien qu'on ignorait, en haut lieu, qu'il avait fait ses études au pensionnat de N.-D. de Toutes-Aides et qu'il avait ensuite étudié deux mois chez nous, sans cela, c'eût été deux cas, au lieu d'un, de *vice redhibi-*

toire, mais on l'ignorait absolument et, néanmoins, on refusa de l'admettre même à subir les examens.

Pourquoi ? — Nous allons vous le dire attendu que vous n'en devineriez jamais le motif. Tout simplement parce que, peu de temps auparavant, il y avait eu élection au Conseil général, pour le canton de Riaillé, et que le *beau-frère* de M. Belleil avait fait peu ou beaucoup de propagande en faveur de M. X (*nous avons oublié le nom*) contre M. Gaillard, banquier, qui l'emporta d'ailleurs sur son concurrent.

Ainsi voilà M. Belleil, qui *s'était tenu en dehors de toute compétition* — qui était peut-être même encore au service lors de l'élection — qui était un *homme soucieux de sa dignité, capable de comprendre ses devoirs et d'être utile à son pays* et que l'on refuse d'admettre à passer un examen !... Cela dispense de tout commentaire. A quoi bon des élections si chacun n'est pas libre de voter selon sa conscience et ses opinions.

Qu'est devenu depuis M. Belleil ? Il nous a dit, en nous quittant, qu'il avait envie d'aller voir dans la libre Amérique, si l'on était aussi *sot* qu'en France.

Il ne faudrait pas beaucoup de cas comme celui-là, en effet, pour dépeupler, au profit de l'étranger, notre pays, qui n'est pourtant pas si riche en population.

Et qui est-ce qui commit cet acte de phénoménale bêtise ?

Ce fut ce triste Cleiftie, ex-majordome du défunt Récipon, et qui, remercié de ses services, fut trouvé bon pour faire un préfet de la Charente, des Côtes-du-Nord, de la Loire-Inférieure et même des Bouches-du-Rhône, d'où, au bout de quelques jours, il a été contraint de sortir, par la mauvaise porte, et jeté sur le pavé où, comme Jérôme Paturot, il est maintenant à la recherche d'une nouvelle position sociale.

Juste retour des choses d'ici-bas ! Monsieur l'ex-préfet.

Recueillons, avant de terminer, les derniers bons mots de M. Riom :

» C'est ainsi, Messieurs, que nous retrouvons les anciens élèves de l'institution Livet dans l'armée, dans la marine, dans les administrations, dans le commerce et dans l'industrie.

— Faut-il être dépourvu de bonnes raisons, pour conter de telles balourdises à un public composé, en partie, d'hommes éclairés et en droit d'attendre mieux d'un maire de Nantes !

Eh bien ! Et les autres écoles, grandes ou petites, laïques ou congréganistes, croyez-vous qu'elles ne fournissent pas aussi leur contingent d'hommes à l'armée, à la marine, aux administrations, au commerce et à l'industrie ? Ce serait triste, vraiment, si l'école Livet avait le monopole de cette *fourniture* et devenait le pourvoyeur général de la France entière.

Autant dire alors que l'école de la rue Sainte-Marie est le SANS-PAREIL des établissements scolaires.

Nous ferons grâce à nos lecteurs des dix dernières lignes du *discours* de M. Riom, lesquelles ne peuvent intéresser que les camarades de M. Riom, ainsi que MM. Livet père et fils. Nous en avons dit assez pour faire voir, que si l'on presse ce que l'on nomme un discours du maire de 1892-1896, qu'en sort-il ? — Du vent !

Enfin, malgré la pauvreté de son discours, il a reçu les compliments d'usage... !

Passons au discours de M. Fretaud, professeur de littérature de la pension. Comme il convient à un maître en rhétorique, il émaille son discours de nombreuses fleurs. Il en a mis partout. Cela nous délassera de l'insipide verbiage du « cher élève. »

Ecoutons donc :

« M. Fretaud, parlant au nom des professeurs. » « Son discours est un modèle de littérature. Il peint bien les sentiments des professeurs vis-à-vis de leur directeur. Nous regrettons que l'espace nous fasse défaut pour le donner en entier. Nous citerons seulement les passages suivants:

» Toutes les personnes qui vous connaissent, tous vos élèves anciens et actuels, me suppléeront sur ce point.

» Mais ce qu'il m'appartenait surtout de dire, ce que mes collègues ne me pardonneraient pas de taire, c'est l'estime, l'affection, que tous nous ressentons à votre égard. J'ai vu passer ici beaucoup d'élèves ; j'y vois toujours les mêmes professeurs ; c'est le plus bel éloge que l'on puisse faire d'un directeur. Sauf de très rares exceptions, la vieillesse seule ou la mort nous sépare de cette maison, laissez-moi dire de cette famille.

» Comment en serait-il autrement... »

Tout ceci est extrait du *Phare de la Loire* du 5 juin 1894. Arrêtons-nous-y un instant.

Ce début promet et montre que M. Fretaud sait manier la plaisanterie, nous pourrions dire l'ironie, avec une extrême habileté.

Oubliant les centaines de professeurs, qui ont passé comme un songe, dans la rue Sainte-Marie, il y voit *toujours les mêmes professeurs*.

Admettons, ce qui est vrai d'ailleurs, qu'il y ait, dans la maison Livet un personnel composé d'une demi-douzaine de professeurs, qui comptent, nous ne savons combien de chevrons, qui y sont pour ainsi dire à l'état d'immeubles, et qu'on pourra livrer avec la maison, si toutefois la vente a lieu, qu'est-ce que cela prouve en faveur du directeur? Absolument rien, sinon qu'il a besoin de professeurs, et qu'en changeant, si l'envie lui en prenait, il ne serait pas assuré d'avoir mieux. A force de choisir, on prend souvent le pire!

Et qu'est-ce que cette constance prouve du côté des professeurs? Rien encore, en faveur de M. Livet. Pourquoi ces professeurs *ont-ils demandé* l'entrée de la maison Livet? Parce qu'ils avaient besoin d'une position.

Pourquoi y sont-ils à l'état de professeurs permanents? — Parce qu'ils ne trouveraient pas mieux ailleurs, ni même autant probablement. M. Fretaud et Cie font donc *de nécessité vertu.*

Et si ces inamovibles prétendaient dire le contraire, il nous serait facile de servir à *chacun* un argument *ad hominem*, qui défierait toute réplique! Essayez!

En attendant, citons deux exemples. Voyez le défunt M. Bouhier, la plus grande gloire de l'école Livet d'avant 1871, comme il a vite détalé, même sans donner congé au *patron*, quand il a vu les portes de l'école professionnelle s'ouvrir devant lui. Cette *fugue* inattendue valut plusieurs nuits d'insomnie à M. Livet, et nous avons été heureux, sur sa demande, de le tirer d'embarras à ce moment, preuve que nous ne sommes pas aussi méchant qu'on le dit et que nous sommes toujours prêt à rendre service à qui le demande. Car nous n'étions pas, comme Jérôme Paturot, à la recherche d'une position sociale; de plus on nous rendra cette justice que nous n'avons pas cherché, par *nos exigences financières*, à exploiter la situation. Ceci soit dit en passant!

Un second exemple, à l'appui de l'inconstance des professeurs, qui *trouvent mieux*; c'est M. Guitonneau. M. Guitonneau était le factotum de M. Livet, qui l'avait fait venir — à moins qu'il ne soit venu tout seul — de Saint-Mathurin. Eh bien! cet enfant gâté, que nous aurions cru solide au poste, comme la borne — ceci soit dit sans comparaison — qui est au coin de la rue Sainte-Marie, devint tout à coup volage, mais volage au point de filer tout droit, vers les rives de la Tamise, avec son petit bagage scientifique et littéraire, à la recherche d'une position financière plus lucrative et il a réussi, paraît-il! Tant mieux, nous en sommes heureux pour lui, car en somme c'était un bon garçon.

Combien des inamovibles d'aujourd'hui prendraient leurs jambes à leur cou de la même façon, s'ils étaient assurés de faire fortune ailleurs.

Assez sur ce sujet et allons à la recherche de nouvelles fleurs de rhétorique.

M. Fretaud continue :

» Que vous dirai-je de nos rapports avec vous, cher Directeur, et avec M. votre fils que je serai toujours fier d'avoir eu pour mon *premier élève* à mon retour à Nantes. »

Ici, nous pourrions glisser une petite malice à l'adresse de M. Fretaud, mais nous nous abstiendrons parce que ce serait commettre une indiscrétion. Passons donc outre!

» Pendant qu'il s'applique — M. Livet fils — à nous seconder dans notre tâche, qu'il nous fait l'honneur de nous consulter sur les améliorations qu'il poursuit sans cesse, vous, cher Directeur, vous ne dédaignez pas d'être notre collaborateur, le mien particulièrement, en expliquant à nos élèves, en leur apprenant, avec une expérience si sûre et un zèle infatigable, les difficultés de l'orthographe et de la langue française. »

— M. Fretaud félicite, mais à tort, son *grand patron* d'être son collaborateur, ainsi que celui de ses collègues, en matière d'orthographe, parce qu'en sa qualité de directeur de grande maison M. Livet aurait autre chose de mieux à faire que d'apprendre à ses élèves *les difficultés de l'orthographe et de la langue française.* Nous savons bien qu'il est secondé par le *petit patron,* pour la direction, mais, n'importe, il n'y a rien de tel que l'œil du Grand Maître.

Nul doute que M. Livet père enseignât admirablement le français, qu'il avait eu tout le temps d'apprendre dans 50 ans d'exercice, mais il ne jouissait pas du don d'ubiquité. Lorsqu'il était dérangé, au beau milieu d'une leçon, par une visite inopportune, mais à laquelle il ne pouvait se dérober, la leçon en restait là, quand il n'y avait pas de suppléant et il n'y en avait pas toujours !

Même inconvénient, quand M. Livet, invité ou non, assistait à un *grand enterrement,* chose qui arrivait de temps en temps et qu'il aimait assez, du reste, car il est à remarquer qu'il n'a jamais laissé échapper une occasion de se produire.

Un autre petit défaut mignon, qu'avait M. Livet, c'était de faire de fréquentes digressions, au beau milieu d'une leçon de français, pour parler de *sa maison* et des difficultés qu'il avait rencontrées et vaincues, de sorte que peu d'élèves ignoraient l'histoire de la maison, mais il y en avait un certain nombre à ignorer l'orthographe, grâce à cela.

Nous ne pouvons résister au plaisir de citer, en entier, le passage suivant pour montrer jusqu'où peut aller la basse flatterie. Si M. Livet *a gobé ce morceau*, sans rire, il faut avouer que c'est un sérieux gobeur !

Voici le morceau, tel que le *Phare de la Loire* l'a servi à ses lecteurs dans la journée du 5 juin 1894.

» Malgré tant d'occupations, tant de soucis parfois, nous voyons toujours dans vos yeux et sur vos lèvres *ce bon sourire, dont le reflet illumine et adoucit le bronze même.*

» Certain d'imposer le respect par la dignité d'une vie de travail et d'honneur, vous ne redoutez rien d'une *familiarité, d'une cordialité*, bien rares chez un directeur, bien propres à nous rendre plus doux l'accomplissement de notre devoir.

» Oui, votre maison est *vraiment hospitalière.* Pour ma part il m'est arrivé, plusieurs fois, de me demander depuis combien de temps j'avais l'honneur de lui appartenir. Je n'ai résolu la question, pourtant si facile à éclaircir, que par cette réponse qui m'est douce — passez-moi le solécisme, car il rend bien ma pensée — *depuis toujours.* Tant je m'y sens à l'aise ! Tant il me semble être chez moi ! »

A propos du solécisme volontaire de M. Fretaud c'est le cas, pour nous, de dire avec Delille :

Le parleur *aimable*.......
Quelquefois à la langue, en dépit du purisme,
Ose faire présent d'un heureux solécisme
Scandale du grammairien.

Mais laissons M. Fretaud, pendant qu'il est en veine, achever sa longue tirade de compliments.

» Et ce sentiment ne m'est pas particulier, j'en suis certain, c'est celui de mes collègues (*il y a probablement plus d'une exception !*) Je les remercie de m'avoir fourni l'occasion de les exprimer.

» Vous avez donc eu, cher Directeur, le plus rare de tous les talents : vous faire aimer des professeurs de votre institution, comme vous êtes aimé de vos élèves (*sauf exceptions dans les 2 catégories*). Et voilà pourquoi tous les professeurs ont été heureux (*oh ! heureux*) de contribuer à fixer, pour toujours, dans le bronze, vos traits chéris et respectés. Ils étaient déjà gravés dans nos cœurs, consacrés par l'affection et par la reconnaissance. »

Ouf ! En voilà de la boursouflure !

Et l'on parle des courtisans des rois ! Nous nous demandons si jamais les plus plats courtisans ont poussé la flagornerie jusqu'à ces limites. Même au temps de Louis XIV, alors qu'il était au faîte de la toute-puissance, et que Saint-Simon disait de lui *qu'il se serait bien fait adorer comme dieu, s'il n'avait eu peur du diable*, nous doutons qu'il eût accepté cette excessive prodigalité d'encens ; et c'est, en partie, pour protester contre ces éloges ridicules, qui reviennent à tout propos, que nous avons pris la plume. C'est se moquer du public et le prendre pour un grand imbécile, que de lui servir en une seule fois, une si grande et si indigeste tartine de louanges, au risque de l'étouffer.

Mettons les choses au point, dans ce portrait si flatté, si courtisanesque. En réalité, M. Livet est obséquieux envers les grands, est aimable, ou fait l'aimable avec les professeurs qui lui rendent des services et qu'il ne remplacerait pas facilement ; et *dur* parfois, et pas du tout familier envers les petits professeurs, qui ne sont pas dans le cas de M. Fretaud, ce qui a valu parfois à M Livet de vertes répliques.

Voilà le jugement vrai à porter sur M. Livet, jugement que ratifieront tous ceux qui, comme nous, l'ont vu et étudié de près pendant quelques années. Ce qui ne veut pas dire que M. Livet soit un ogre, se nourrissant de chair humaine ; non, il n'a jamais mangé personne ; il est même timide, craintif à l'excès, au point qu'il n'a pas osé nous demander lui-même d'abandonner l'*Observateur*. Il a préféré nous députer son aumônier — pas l'actuel ! — qui reçut, du reste, mauvais accueil. Le pauvre homme ! Nous le voyons encore descendre nos 99 marches, quatre à quatre, remportant peu triomphalement sa veste !

Passons sur ce vieux souvenir, et ajoutons :

Il y avait certainement chez M. Livet de l'étoffe pour faire un très brave homme ; pourquoi faut-il qu'une ambition démesurée, jointe à un amour non moins démesuré de gloriole, ait gâté, en partie, son bon naturel. Les flatteurs, en lui persuadant qu'il était un dieu, ont fait le reste du mal.

Ah ! que n'est-il resté dans sa bonne maison de la rue de la Verrerie, tout en lui donnant peu à peu de l'extension, dans la limite de ses moyens; il aurait vécu tranquille et honoré, et vivrait aujourd'hui avec sa famille, dans une belle aisance, attendant en paix, dans la pleine tranquillité de sa conscience, que Dieu l'appelle à lui. Dans ces conditions, on lui aurait peut-être tressé moins de couronnes, et il n'aurait pas reçu l'encens frelaté de M. Fretaud, mais on peut vivre et mourir sans cela ! En revanche, il aurait joui de la considération publique, et il n'y aurait eu qu'une voix unanime, pour faire graver sa tombe : *Transiit benefaciendo.*

Nous en avons fini, heureusement — car nous n'aimons pas les flagorneurs — avec M. Frelaud, son panégyrique et son portrait. Cela dit, reprenons le compte rendu de *la fête du buste* :

« Un élève, M. Cheminant, parle au nom de ses camarades. Après avoir rendu hommage à son directeur, il dit que tous les élèves s'efforceront d'imiter leurs prédécesseurs. »

Ici rien à dire, sinon que M. Cheminant a rempli là un acte très naturel et très honorable, dont on ne peut que le féliciter.

« M. Livet père, très ému, embrasse tour à tour les orateurs. »

Puisque le bon père Livet avait pris ces compliments au sérieux, il leur devait bien cela ! Ce qui m'étonne, c'est qu'il n'ait pas été étouffé sous les fleurs et asphyxié par l'encens. Cela prouve, que M. Livet, malgré ses 74 ans, avait encore en 1894 une constitution bien vigoureuse, car non seulement, il n'a été ni étouffé, ni asphyxié, mais il a encore eu la force de prononcer un discours, que le *Phare* résume en quelques lignes, et dans lequel, il a eu soin de ne pas s'oublier, suivant sa coutume. Voici le court résumé de ce discours :

« Puis, dans un excellent discours, il remercie ses élèves anciens et nouveaux ; il *retrace sa vie et ses travaux.* Il termine, en disant, que *s'il n'a pas fait fortune,* il a du moins la *satisfaction du devoir accompli et l'estime de ses concitoyens, qui se manifeste aujourd'hui d'une manière si éclatante.* »

1° Pour ce qui est de *sa vie et de ses travaux*, nous dirons : M. Livet aurait pu se dispenser de nous retracer, ou plutôt de nous chanter cela, car c'est un air aussi connu à Nantes que celui de :

Au clair de la lune,
Mon ami Pierrot.

2° Il eut pu se dispenser également de nous dire *qu'il n'a pas fait fortune*. Hélas ! nous ne le savons que trop, puisque son « cher élève » nous demande de liquider la situation de son « cher maître » de nos propres deniers. Il est fort heureux que M. Riom n'ait pas eu 36 maîtres dans la même situation de fortune.

3° Supposez qu'au lieu d'admirateurs, triés sur le volet, M. Livet ait rassemblé ses créanciers dans la cour Sainte-Marie pour leur tenir ce petit discours :

Messieurs, je suis arrivé au bout de mon rouleau, mais j'ai la *satisfaction du devoir accompli et l'estime de mes concitoyens*. Croyez-vous que ce petit discours eut été couvert d'applaudissements et que les créanciers se fussent contentés, pour toute monnaie, du devoir accompli et de l'estime des concitoyens ?

Par bonheur, pour ceux-ci, que M. Riom, assisté de ses pairs, a prié MM. les Ministres de voir si, par hasard, il ne resterait pas au fond des caisses de l'État quelque reste de monnaie, d'espèce plus courante que celle du *devoir accompli et de l'estime de ses concitoyens*, et ces Excellences ont trouvé, paraît-il, puisqu'ils ont informé le Corps législatif et le Sénat de cette trouvaille, en priant les *honorables*, qui composent ces deux assemblées, de vouloir bien les autoriser à donner satisfaction à M. Livet, à M. Riom et à leurs amis et connaissances du Conseil municipal de Nantes ou d'ailleurs.

4° Enfin quant à la *manifestation éclatante*, dont parle si complaisamment et si modestement M. Livet, nous nous demandons où il la voit? Il est toujours facile de rassembler dans une cour d'institution quelconque, à grands coups de tam-tam, quelques centaines de personnes, composées de quelques anciens élèves et des élèves actuels, de leurs parents, amis et connaissances, et, en outre, d'une ou deux douzaines de bourgeois oisifs. Tout cela constitue bien un rassemblement mais non une *manifestation*. Nous ne pouvons même pas dire que c'est un *rassemblement éclatant*, dans une ville de plus de 125,000 âmes.

Les murs eux-mêmes de l'établissement n'ont pas *éclaté* sous la poussée des assistants à la fête, et s'il y a eu quelque éclat à la suite du rassemblement du 3 juin, çà n'a pu être que dans les violents éclats de rires des personnes qui, n'ayant pas eu l'avantage d'assister à la *fête du buste*, en ont été dédommagées par la lecture du compte rendu du *Phare*. Nous ne parlons pas, bien entendu, des assistants parmi lesquels il s'en est trouvé, certainement un bon nombre, qui ont pu prendre cela au sérieux, et demeurer tout le temps, graves comme des Catons.

Passons à M. Heimburger qui est assez plaisant, à moins que ce ne soit le *Phare*, qui le rende plaisant, quand il écrit :

» M. Heimburger vient, au nom de la magistrature, apporter

son tribut d'hommages à M. Livet. Depuis 8 ans, il suit de près les travaux de l'institution et il voit toujours M. Livet soucieux de former des *hommes*, des *citoyens* et des *soldats*.

Est-ce une manière de parler, ou la magistrature a-t-elle vraiment délégué M. Heimburger pour parler en son nom? c'est ce que nous ne saurions vérifier. Toujours est-il que nous ne voyons pas bien ce que la magistrature peut avoir à faire à la Maison Livet, qui, à aucune époque que nous sachions, n'a passé pour une école préparatoire à la magistrature, bien qu'un de ses professeurs, un avocat sans causes, soit entré, par protection, dans la magistrature debout.

Quoi qu'il en soit, délégué ou non, nous nous demandons, non sans une certaine pointe de curiosité, comment, depuis huit ans, M. Heimburger a pu *suivre de près les travaux de l'institution?* Que M. le substitut ait toujours vu M. Livet *soucieux*, cela se comprend, M. Livet ayant toujours assez matière à souci; mais qu'il ait toujours vu M. Livet *soucieux de former des hommes, des citoyens et des soldats*, voilà ce qui ne se comprend plus. Comment M. le substitut a-t-il pu voir cela, pendant huit ans, du palais de justice et comment M. Livet s'y prend-il pour former des hommes, des citoyens et des soldats? Voilà ce que nous aurions aimé à savoir et ce qu'on ne nous dit pas? — Nous regrettons vivement cette omission car, de tout cela, nous ne savons qu'une chose, c'est que M. Livet ayant été sergent-major — il était bien *major* en effet — dans la garde nationale, de 1870 à 1871, il n'était pas sans quelque compétence dans les choses militaires.

Ensuite le bon M. Gahier, au nom de la *Société académique,* a pris la parole pour dire que :

» Il vient associer ses hommages à ceux qui lui ont déjà été présentés. Il ne peut oublier que M. Livet a, avant lui, occupé *dignement* la présidence de la Société académique. Il souhaite de le voir encore longtemps à la tête de l'établissement qu'il dirige si bien. » (*Ainsi soit-il !*)

Questions de camaraderie, passons, mais non sans rire.

Notez que M. Livet est de toutes les sociétés : société académique — société d'agriculture — société de géographie, *de la ligue d'enseignement,* etc. C'est le moyen d'avoir des confrères, un peu partout et, par suite, le cas échéant, des compliments, mets dont M. Livet est surtout très friand !

Passons sur les *vers* de M. Morel, de la société académique, en l'honneur de M. Livet — vers que le *Phare* ne reproduit pas, d'ailleurs — sur les *magnifiques bouquets* offerts par les élèves à M. Livet et placés sur le socle du buste, et sur le jour de congé demandé par M. Riom — pour arriver plus tôt à la fin du compte rendu :

» Des élèves remettent à M. Livet un album sur lequel sont inscrits les noms des souscripteurs. On y voit aussi des dessins rappelant les phases de la vie de M. Livet et les succès obtenus par leur directeur.

» M. Livet les remercie, ainsi que les professeurs qui les ont dirigés.

Les phases de la vie de M. Livet et les succès obtenus par le directeur ! C'est à rendre rêveurs ! Faut-il avoir l'esprit inventif pour imaginer des choses pareilles et M. Livet ne pouvait faire moins que de féliciter de tels artistes !

La *Marseillaise* et une cantate, dont les paroles sont de M. Fretaud et la musique de M. Rateau, ont clos la première cérémonie du 3 juin.

DEUXIÈME ACTE

Nous arrivons à la deuxième partie de la *fête du buste*.

Il n'y a pas de belle fête sans festin. Passons donc de nouveau la parole au *Phare :*

« A 7 heures 1/2, 180 convives se réunissaient dans la belle salle de M. Gault.

» A la table d'honneur nous remarquons MM. Livet père, Riom, Livet fils et petit-fils, Bourdin, de Saint-Quentin, Marchand, Romefort, Fretaud, Puybaraud, Talva, Livet Arthur, Deluen, Sizeler, Caffin, De Boishéraud, Texier, Doby, Frémond et les représentants de la presse. »

Le rideau est levé ; voici la comédie qui commence :

« Le potage était servi à peine quand un garçon apporte un télégramme à M. Riom. Cette dépêche émane des anciens élèves habitant Paris. Elle est ainsi conçue :

» Sommes de tout cœur avec vous pour honorer maître vénéré. »

—Ne trouvez-vous pas que ce garçon est bien dressé pour servir si à propos la dépêche, *le potage étant à peine servi !* Seulement le coup de la dépêche c'est un peu vieux jeu. Cherchez autre chose de plus nouveau, celui-là a trop souvent servi. Le *Phare* ne cite même aucune signature !

Continuons :

« Le menu est parfaitement choisi et, surtout, bien servi. »

— Eh bien ! bon appétit, Messieurs.

Arrivons au champagne :

« M. Riom ouvre la série des toasts. Il dit que la fête d'aujourd'hui était *nécessaire*, car elle prouve le *sentiment unanime* qui a porté à rendre hommage à M. Livet qui, depuis 50 ans, fait ses efforts pour donner aux générations une solide instruction.

» Personne ne sera étonné de voir l'*élan considérable* qui a répondu à l'appel des *organisateurs*. Il remercie les *organisateurs*, car il est bon que dans ce siècle qu'on dit appartenir au *veau d'or*, on voit qu'il y a quelque chose de sérieux et de durable, *le respect et la sympathie du devoir accompli*.

» L'exemple de M. Livet ne sera pas perdu pour *les vieux* et aussi pour la jeune génération qui assiste à cette manifestation de l'âge mûr qui apprécie les services rendus par M. Livet.

» Si l'exemple n'est pas vain pour les vieux il sera bon pour les jeunes. Le fils et le petit-fils continueront l'œuvre de M. Livet père.

» Il boit à MM. Livet père et fils et à tous ses camarades. »

— M. Riom prétend que la fête du 3 juin était *nécessaire*. Nécessaire pour qui, nécessaire pour quoi ? Nécessaire pour MM. Riom et Livet, afin d'appeler de nouveau l'attention sur la fameuse maison, dont on n'avait ouï parler depuis la fameuse veste de 1893.

M. Riom prétend aussi que ladite fête prouve le sentiment unanime qui a porté à rendre hommage à M. Livet. Sentiment tellement unanime que s'il ne s'était pas trouvé quelques zélés pour aller, de porte en porte, à la recherche de souscripteurs pour offrir un buste à M. Livet, le cuivre, l'étain et le fer, dont l'artiste à fait un buste, seraient encore chez le marchand de métaux.

M. Riom fait donc bien de remercier les organisateurs, plus que les souscripteurs, car, sans le zèle des premiers, M. Livet se serait passé de buste. Nous laissons de côté les *50 ans de services, le devoir accompli* et un tas de lieux-communs que le « cher élève » nous rabâche sans cesse, car il devient fatigant de l'entendre et de lui répondre.

Qu'il boive donc à la santé de MM. Livet père et fils et de ses camarades, et qu'il ne remplisse plus les colonnes des journaux de son insipide verbiage.

Nous avons entendu le « cher élève », écoutons maintenant le « cher maître ».

« M. Livet père remercie M. Riom des *excellentes* paroles qu'il vient de prononcer. Il engage les jeunes à prendre exemple sur leurs pères, qu'il félicite de *leurs positions acquises, et qui sont la partie la plus industrieuse de Nantes*

» Il porte un toast au Maire de Nantes, **le plus glorieux** de ses *anciens élèves.* »

Diable! M. Livet, rien que cela de galon, que vous vous donnez, d'avoir eu pour élèves des *hommes qui forment la partie la plus industrieuse de Nantes*. C'est plus facile à dire qu'à prouver. Et encore, parmi ceux que vous revendiquez pour élèves, combien n'ont fait que commencer leurs études chez vous, et sont allés les terminer ailleurs.

Quant à M. Riom, *le plus glorieux de vos anciens élèves*, nous vous l'abandonnons tout entier.

M. Riom a compris lui-même que son ancien maître, dans son lyrisme, était allé trop loin, car, d'après le compte rendu du *Phare*, M. Riom a protesté en ces termes :

« Etre maire de Nantes, c'est un accident. On arrive à ces fonctions, par l'entraînement, une vague qui porte sur le rivage. »

M. Riom se rendait parfaitement justice. Il est certain qu'il a été élu maire par accident, et un malheureux accident, car de l'aveu de tous, excepté de M. Livet et de ses amis, comme maire de Nantes, il a fait preuve d'une profonde incapacité. Par bonheur, la vague qui l'avait porté à l'Hôtel-de-Ville en mai 1892 l'a jeté à la côte en mai 1896.

Et le compte rendu du *Phare* ajoute :

« Ce qui n'est pas un accident, c'est le travail incessant, qui fait arriver à l'Ecole polytechnique, et qui en fait sortir ingénieur. Voilà qui est glorieux. C'est le cas de M. Marcel Ripoche. »

Il est de fait que c'est très glorieux pour M. Marcel Ripoche, mais ce n'est pas à M. Livet de s'en attribuer la gloire, car c'est au Lycée Henri IV que M. Ripoche a préparé son admission à l'Ecole polytechnique, et c'est à l'Ecole polytechnique que M. Ripoche a conquis son titre d'ingénieur.

La maison Livet n'a rien à revoir là-dedans et ne saurait se servir du nom de M. Marcel Ripoche, comme d'une réclame perpétuelle.

Nous ne retiendrons du petit discours de M. Livet fils, que le passage suivant, extrait du *Phare :*

« Il (*M. Livet fils*) porte aussi un toast à la presse, qui peut être divisée sur certaines questions, mais qui s'entend toujours, quand il s'agit de célébrer *un homme de bien.* »

M. Livet fils eût été mieux avisé, s'il avait laissé à un étranger le soin de cette *célébration*, car il connaît le proverbe............(Inutile de le citer).

De plus, il y a des hommes de bien, ailleurs que dans la Maison Livet; par exemple — pour ne parler que des maisons d'éducation de Nantes — à l'Externat des Enfants-Nantais, aux Pensionnats Saint-Stanislas, de Bel-Air, de la Madeleine, de Toutes-Aides, eh bien ! allez demander au *Phare*, au *Populaire*, au *Progrès*, de *célébrer* ces hommes de bien, et vous verrez quel accueil sera fait à votre demande, tandis que tout le personnel de la Maison Livet jouit de l'avantage d'être *célébré* par l'*Espérance du Peuple* et le *Nouvelliste*, tout comme par les trois autres journaux anti-catholiques susnommés; d'où il faut conclure qu'au *Phare*, au *Populaire* et au *Progrès*, on ne veut reconnaître comme *hommes de bien* authentiques, que ceux qui sortent de la fabrique Livet et Cie; les autres — ceux qui sortent des maisons cléricales — sont sujets à caution et généralement réputés contrefaits; tandis que dans les journaux dits *cléricaux*, on accepte tout en bloc, sans examen aucun !

CONCLUSION

Les journaux dits cléricaux sont devenus libéraux, et les journaux dits libéraux autrefois, ont passé à l'exclusivisme et à l'absolutisme. Effet de l'instabilité des choses humaines !

Nous arrivons à la période des toasts, que nous nous bornons à signaler :

« M. Livet fils porte un toast à M. Le Bourg, l'artiste éminent dont il regrette l'absence.

» M. Salières, directeur du *Populaire*, boit à la prospérité de l'Etablissement et à l'Association des anciens élèves.

» M. Frémont boit à *M. Caroff, l'organisateur du banquet.*

» M. Bourdin boit aux professeurs et à M. Livet, ainsi qu'à *M. Ripoche père*, qui a pris l'initiative de la souscription.

» M. Ripoche fils porte un toast à ses camarades.

» M. Doby espère que tous se retrouveront dans 2 ans, pour fêter le cinquantenaire de l'Ecole.

» M. Livet père porte un toast aux auteurs de la cantate : MM. Frotaud et Rateau et à M. Petit-Demaison, qui a métamorphosé l'établissement.

» M. Riom. — Puisque le nom de M. Petit-Demaison vient d'être prononcé, allons voir le feu d'artifice.

» On se rend au jardin, où l'habile pyrotechnicien tire un magnifique feu d'artifice.

» La pièce finale porte pour inscription :

» A. E. Livet 1820-1894. »

Qu'on dise donc encore que M. Livet, ses amis et connaissances ne s'entendent pas à faire des réclames sur une grande échelle.

CHAPITRE XVII

Réclame de M. Boncourt, secrétaire général de la Préfecture — Toasts du 14e Congrès de la Ligue d'enseignement — Emotion de M. Livet

Le 30 juillet 1894 avait lieu, au Théâtre de la Renaissance, la distribution des prix de l'Institution Livet, présidée par M. Boncourt, secrétaire général de la Préfecture.

Donnons un court extrait du discours prononcé par M. Boncourt. Le voici :

« Voir un fonctionnaire de l'Etat apporter des sympathies à une institution libre d'enseignement est un *spectacle assez peu commun*. Je me réjouis de l'offrir et l'honneur est grand pour celui qui est appelé à présider cette magnifique fête de la jeunesse et du travail. Ma tâche sera d'ailleurs facile, les succès de cette Maison ayant une éloquence à laquelle il serait difficile d'ajouter.

» Les jeunes gens qui ont puisé, dans cette maison, aux sources bienfaisantes de l'enseignement pratique, ne se comptent plus, ils sont légion, grâce, M. le Directeur, à votre *esprit novateur et hardi*.

(Extrait du *Phare de la Loire*).

Que M. Livet vienne encore dire que sa part de réclame n'est pas assez belle! Jusqu'au Secrétaire de la Préfecture, qui s'en mêle comme un simple journaliste. Il est vrai qu'il a été journaliste avant d'être secrétaire général, ce qui fait qu'il n'a pas perdu tout à fait l'habitude de manier l'encensoir en faveur des amis.

En vérité M. Livet est un heureux mortel ; il a tous les genres de protecteurs et tous les genres de protection.

Voici, maintenant, que la Ligue de l'enseignement, fondée par le maçon .·. Jean Macé, aujourdui défunt, prend aussi ce grand enfant gâté sous son patronage.

Le 5 août 1894 avait lieu, à Nantes, la séance solennelle de clôture du 14e Congrès de la *Ligue de l'enseignement*, et voici ce que nous avons recueilli dans le *Phare* au sujet de M. Livet.

D'abord un petit compliment de M. Jean Macé à l'adresse de Nantes :

« Il n'est pas besoin d'être Nantais pour savoir *qu'ici beaucoup de familles* considèrent, depuis le siècle dernier, comme un honneur et un devoir de tenir haut et ferme le *drapeau de la libre-pensée* et de la vérité ! »

Tous commentaires seraient inutiles !

Transportons-nous maintenant à la Salle Gault, où les congressistes de la *Ligue d'enseignement* se sont donné rendez-vous pour festoyer en famille.

L'heure des toasts est arrivée. Recueillons-en deux, en l'honneur de M. Livet, ils viennent de deux frères .·., deux maçons bon teint.

« M. Guihard porte un toast à M. Livet, qui a fondé un établissement d'initiative privée, et qui *a droit à la considération de la Ligue.*

» M. Livet répond en quelques paroles émues. Il rappelle ses débuts *(pour la millième fois au moins)* et se *plaint de la concurrence terrible des pensionnats congréganistes !*

» M. Nicot, instituteur de Nantes, porte un toast à M. Tropner, président de la Société des instituteurs de la Seine, *à M. Livet* et aux instituteurs étrangers.

(*Extrait du* Phare *en date du 5 août 1894*).

Que diable M. Livet allait-il faire dans cette galère?

Ce qu'il allait faire? — Oh ! en se transportant dans la rue des Coulées, il obéissait à un sentiment bien naturel. Quand on a le cœur gros d'émotions et débordant de peines, n'est-il pas naturel d'aller l'épancher dans le sein de ses amis et pleurer dans leurs gilets ! C'est ce qu'il a fait, en se *plaignant de la concurrence terrible des pensionnats congréganistes.* Inutile d'ajouter que les amis ont compati à ses peines sans pouvoir, hélas ! les soulager.

CHAPITRE XVIII

M. Riom revient à la charge — Nouvelles propositions — Fort rabais — Nouvelle discussion — Conclusions de l'Administration acceptées

Depuis mai 1893 il n'avait plus été question de la Maison Livet. M. Riom préparait, sans doute, dans l'ombre et le mystère, un projet plus acceptable, pour ne pas s'exposer à une troisième veste plus humiliante encore que les deux premières.

Donc, le 20 mars 1895, nous trouvons dans le *Phare*, sous le titre : *Ecole nationale professionnelle*, l'article suivant, rendant compte de la dernière session du Conseil municipal :

« M. le Maire lit l'exposé relatif à la création d'une Ecole nationale professionnelle de garçons. Il s'agit d'acquérir l'Etablissement Livet au moyen d'annuités trentenaires. M. Livet garderait la direction de l'internat et abandonnerait 15,000 fr. par an. Les annuités étant de 30,000 fr., il y aurait d'abord à déduire les 15,000 fr. fournis par M. Livet ; l'Etat verserait 7,500 fr. par an et la Ville une somme égale pendant 30 ans.

» Mais le Ministre ne veut pas prendre d'engagement ferme avant le vote du budget. Les réparations et les agrandissements seront à la charge de l'Etat.

» Le Ministre, dans une nouvelle lettre, dit que l'Etat pourra pourvoir à l'entretien du personnel et de l'Ecole à partir de 1896. Il a accepté le remplacement des annuités par une somme de 150.000 francs.

» La proposition actuelle est bien meilleure que celle de 1893. Le Conseil l'acceptera et paiera, au moyen de 30 annuités de 7.500 francs, qui représentent un capital initial de 113.000 fr. Elles seraient fournies au moyen d'une imposition de 0,41 de centimes.

» M. Leduc fait remarquer la différence qui existe entre les propositions de 1893 et celles d'aujourd'hui. Pour une somme notablement moindre, nous obtenons les mêmes avantages. En 1893, M. Leduc faisait remarquer que le programme de l'Ecole projetée était sensiblement le même que celui de l'Ecole existant actuellement.

» Dans ces conditions, la nouvelle Ecole nationale constituerait un double emploi avec notre Ecole professionnelle actuelle. Il faudrait éviter cet inconvénient grave, et il suffirait pour cela de réorganiser le programme de notre Ecole municipale, en l'aiguillant résolûment dans le sens commercial.

» Dans les ports de commerce, il existe des écoles supérieures de commerce, qui rendent d'excellents services et qui ont des privilèges spéciaux, tel que celui de ne faire faire à leurs élèves qu'une année de service militaire. N'est-il pas regrettable que les fils de négociants soient obligés d'aller se faire inscrire au Havre, ou à Bordeaux, pour profiter de ces avantages? Nantes est cependant la ville de l'Ouest qui devrait avoir ces privilèges.

» Mais ce n'est pas le seul. Les écoles supérieures de commerce ont aussi l'instruction des élèves capitaines au long cours.

» Il aurait donc fallu réorganiser notre Ecole dans cette voie, en même temps que l'Etat pousserait l'Ecole Livet dans le sens industriel. L'orateur regrette que cette organisation d'ensemble ne soit pas faite. Cela dit, il votera les conclusions de l'Administration, reconnaissant l'utilité d'avoir à Nantes une école nationale professionnelle de garçons.

» M. JOUON dit *qu'on ne reprochera pas à l'Administration de manquer de persévérance, on pourrait même dire d'entêtement.* Cette persévérance nous vaut des conditions meilleures, mais pas si bonnes que l'on veut dire !

» Si M. Jouon se reporte par la pensée à la discussion de 1893, il se rappelle que ce qui dominait, c'est qu'on n'avait pas besoin de deux écoles professionnelles. Il croit qu'une seule école de ce genre est suffisante pour nos besoins.

» Etudiant la convention, il dit que la Ville n'a que 7.500 francs à payer annuellement, parce que M. Livet offre 15.000 francs, qu'il paiera sur les bénéfices de l'internat. Si M. Livet abandonne l'internat par un motif quelconque, est-ce la Ville qui aura à diriger l'internat et à payer les 15.000 fr.?

» M. LE MAIRE est à l'aise pour répondre. L'Etat prend cette Ecole, qui est en pleine prospérité, *puisqu'elle compte plus de 600 élèves.* Il dépensera 200.000 francs pour les agrandissements et les réparations de l'école nationale, mais il ne changera pas le programme. Il n'y a pas de concurrence à craindre, puisque les deux écoles sont pleines.

» Examinant le budget, il voit des bourses au Lycée, dans diverses écoles, des subventions au Concours hippique, au Conservatoire.

» Certes, il ne se propose pas de diminuer ces crédits, mais est-ce que ces bourses, ces écoles, ces concours hippiques rendent autant de services qu'en rendra l'*Ecole nationale?*

» Pour l'annuité que l'on paiera, on aura une école, qui rendra des services très grands. Ce n'est pas parce que des familles riches sont obligées d'envoyer leurs fils à Paris, au Havre, ou à Bordeaux, pour avoir des dispenses du service militaire, que l'on empêcherait les enfants des ouvriers d'aller à une *école nationale*.

» Il rappelle qu'à Armentières et à Voiron, les villes ont fait des sacrifices pour avoir leurs écoles. En ce moment, une ville voisine demande une école de ce genre. Si nous ne faisons pas de sacrifice, l'école ira à Saint-Nazaire.

» Répondant à M. Jotton, M. le Maire dit qu'il n'y a dans le contrat que ce qu'on y met. La Ville reste en dehors de l'exploitation et n'aura pas à s'occuper de l'internat.

» L'Etat ne peut donner à Nantes une *Ecole nationale*, si la Ville ne manifeste son désir par un sacrifice.

» On dit que l'*Ecole tombe*, mais que cela ne fait rien, car les élèves iront au Lycée. C'est une erreur, les élèves iront aux Frères de Bel-Air, de la Madeleine et de Toutes-Aides. *Voilà ce que l'on cherche !*

» M. Leduc dit que ce n'est pas lui, qui veut favoriser l'enseignement congréganiste (*Rires*). Il proteste aussi contre l'accusation de vouloir empêcher le projet d'avoir une solution favorable. Il a dit, au contraire, qu'il voterait les conclusions de l'exposé. Ce qu'il critique, c'est l'emploi de la subvention.

» Il regrette l'opinion du Maire relative à l'envoi dans d'autres villes, des fils de négociants. Il croit que les intérêts des ouvriers et ceux des commerçants sont liés.

» Il constate que le Maire n'a répondu à aucune de ses critiques, au sujet des réformes qu'il aurait voulu voir introduire dans l'Ecole.

» On obtiendrait de bien meilleurs résultats, si l'on étudiait les modifications à introduire dans l'école, au point de vue de l'enseignement du commerce et de l'hydrographie.

» M. Brunschvicg estime que le Conseil municipal ne peut que se féliciter d'avoir, il y a 18 mois, repoussé les propositions de l'Administration, en vue de l'acquisition de l'Etablissement Livet. L'Administration municipale elle-même doit être enchantée de son échec d'alors, puisqu'aujourd'hui elle nous présente un nouveau projet d'annuités, qui de 28.195 francs pendant 30 ans, est retombé à 7.500 francs par an.

» Cependant l'orateur trouve qu'il manque au dossier un engagement sérieux et formel du Ministre, qui s'explique nettement sur les obligations de la Ville et celles de l'Etat ; sur le programme futur de l'école transformée, qui évite entre elle et l'école professionnelle une concurrence fâcheuse ; sur l'éventualité de nouveaux sacrifices de la Ville, si M. Livet cessait d'administrer l'internat : et s'engager dès ce soir, avant d'avoir une lettre formelle du ministre, c'est s'exposer à des mécomptes, puisque nous ne savons même pas si le ministre trouvera des fonds suffisants, pour donner suite à ce projet.

» Dans ces conditions, M. Brunschvicg déclare qu'il ne votera pas le projet (BRAVO !)

» M. LE MAIRE. – « Ce qui vient d'être dit peut se résumer en deux mots. »

Voyons ces mots :

« Nous voulons qu'on nous *impose* une Ecole nationale. On veut doubler l'Ecole professionnelle : au lieu de 5,000 fr. de résidence, que l'on paie actuellement, nous aurons 10,000 fr. à payer. Avec l'*Ecole nationale*, nous aurons 7,500 fr. à verser et rien de plus (*est-ce bien exact ?*) Si le contrat ne vous plaît pas, nous ne verserons rien et l'affaire manquera (*quel dommage pour la Ville et la France entière !*) Mais, pour le moment, votons les 7,500 fr. qui indiquent notre désir d'avoir l'Ecole. »

Ainsi mis en demeure, les plus fidèles (*combien étaient-ils ? — Le Phare ne le dit pas*) ont adopté (*sans enthousiasme probablement*) les conclusions de l'Administration.

Souhaitons qu'ils n'aient pas à s'en repentir !

« M. GUIBOURD (*toujours soupçonneux*) demande *qu'il soit*

bien spécifié qu'en aucun cas la Ville n'aura à verser plus de 7,500 francs.

» M. le Maire. — C'est bien entendu! (*A condition qu'il n'y ait aucun malentendu*).

Ainsi soit-il !!!

Malgré la longueur de cette discussion, pour savoir à quelle sauce les *contribuables* seront mangés, les deux cuisiniers voudront bien nous permettre de hasarder encore quelques réflexions. Souhaitons qu'elles ne soient pas jugées inopportunes par les intéressés.

Avant de commencer, empressons-nous de dire que tous les mots entre parenthèses, ici et ailleurs, sont de nous, et non de la rédaction du *Phare*, ce que nos lecteurs auront d'ailleurs facilement soupçonné. *Cuique suum*, et nous serions désolé qu'on accusât la rédaction du *Phare* de ce dont elle est parfaitement innocente.

Cela dit, et sans vouloir reproduire les arguments de MM. Joüon, Leduc et Brunschvicg, on voudra bien nous permettre de demander pourquoi M. le Maire, mis en demeure de répondre sérieusement à des arguments si solides, si inattaquables, est demeuré tout à coup *muet comme une carpe*.

C'est à se demander si l'un de ces Messieurs n'aurait pas été autorisé à émettre le vœu que M. le Maire déposât momentanément son écharpe, pour aller faire un tour chez les excellents congréganistes de la Persagotière, afin d'y apprendre à parler par signes, sa langue étant atteinte de paralysie, à en juger par son habituelle loquacité dans la question Livet.

Il est à regretter que cette motion n'ait pas été faite;

peut-être que grâce aux *spécialistes* de la localité nous en aurions appris plus long.

CHAPITRE XIX

Nouvelles réclames de 1895 — Inauguration de la machine électrique — Jeune ingénieur - Voyage ministériel — Compliments d'usage — Distribution des prix; M.. Sibille, président — Sujet d'inquiétude — Nouvelle phase de la question Livet — Vote des centimes nécessaires

La fête de Pâques avait lieu, en l'année 1895, le 14 avril. Avant de laisser ses élèves partir en vacances, M. Livet a éprouvé le besoin de se commander encore une petite réclame.

La voici telle que nous l'avons prise dans le *Phare* :

« Nous assistions, hier soir, à l'inauguration de la machine électrique construite par 3 élèves de l'Institution Livet : MM. Delaporte, Favre, Sauvage. Bien des progrès ont été réalisés dans cet établissement, depuis que M. Livet l'a fondé, mais, jusqu'ici, tout était dû au Directeur.

» Trois élèves ont voulu améliorer la situation de leurs camarades, et ils ont pensé à construire une machine électrique, pouvant *répandre à flots* la lumière dans toutes les salles de l'établissement.

» M. Delaporte était choisi, par ses camarades, comme directeur des travaux ou **ingénieur**.

» Tous se sont mis à la besogne, *aidés par les conseils* de M. Reillon (*oh oui ! et bien aidés*), mais ne laissant personne toucher aux pièces de la machine. Ils sont parvenus à construire un *dynamo* représentant la force de 6 chevaux-vapeur, mais dont la puissance peut être portée au double.

— Plus forts que 6 chevaux, même que 6 chevaux-vapeur, le jeune ingénieur et ses deux aides!

Le public est informé que désormais, plus ne sera besoin de passer par l'Ecole centrale ou l'Ecole polytechnique pour être reçu ingénieur; il suffira d'aller faire un tour dans la rue Sainte-Marie, maison du coin.

Nouvelle réclame le 1er juillet 1895. MM. Dupuy du Temps, ministre des Travaux publics et Lebon, ministre du Commerce, honoraient Nantes de leur visite.

Naturellement M. Livet était à la réception ministérielle; il n'y a pas de réception officielle sans lui, pas plus que de grands personnages sans courtisans.

Donc, M. Livet remercie *le Gouvernement des bourses qu'il affecte à son Etablissement*, et ensuite lui fait assavoir (*vieux style*) « que déjà il *prépare beaucoup de jeunes gens pour les ponts et chaussées et qu'il pourra continuer, grâce à l'appui de l'Etat.*

— Grâces soient rendues au Ciel! Et qu'arriverait-il, grands dieux de l'Olympe, pour les ponts et chaussées, si M. Livet ne continuait pas?

De grâce, Excellences, épargnez à la Ville ce malheur irréparable!

M. Lebon, qui connaît les services rendus par M. Livet, opine du bonnet et l'en félicite. M. Livet se retire enchanté et de lui et du ministre.

Nous sommes au 31 juillet 1895, et le mois, qui avait si bien commencé, ne pouvait se terminer sans une nouvelle réclame, toujours en faveur de la Maison

Livet. C'est le député M. Sibille qui en est chargé, en sa qualité de président de la distribution des prix.

Recueillons les plus curieux fragments de son discours. Les voici :

« Quelques hommes, il y a quelque 60 ans, qui avaient le juste sentiment des besoins de la société moderne, soutinrent que cette idée d'avoir un collège français en France, n'était pas une idée mauvaise, absurde.............................

» Ils firent donc ce que l'Etat refusait de faire et fondèrent des établissements libres où des centaines, des milliers d'élèves ne tardèrent pas à affluer, et qui nous apparaissaient comme les berceaux de l'enseignement professionnel et de l'enseignement spécial moderne.

» Parmi les hommes d'initiative, qui s'engagèrent hardiment dans une voie où l'Etat fut bientôt obligé de les suivre, il en est un, connu de toute la France et que nous aimons tous : c'est M. Livet. (*Approbations de rigueur*).

» Le mois dernier, un membre du Gouvernement de la République lui disait : *Je salue en vous un précurseur*. Laissez-moi ajouter : « Oui, M. Livet est un précurseur ; il a fondé, dans notre Ville, un grand établissement d'enseignement technique ; son œuvre a été féconde, elle a été durable et il a droit à la respectueuse sympathie de tous ceux qui ont souci de l'éducation, des *progrès et de l'avenir de la démocratie.* »

— Que M. Sibille veuille bien nous permettre de lui soumettre quelques observations. La première, c'est que M. Livet n'a pas, dans toute la France, même dans toute la Bretagne, la notoriété qu'il veut bien lui attribuer, quoique celui-ci n'ait rien épargné pour l'acquérir.

S'il l'avait eue, il ne serait pas exposé aujourd'hui à mourir d'inanition, et M. Sibille obligé de lui faire l'aumône d'une nouvelle réclame..

La seconde observation, c'est que, comme *précurseur*, M. Leloup avait devancé M. Livet.

Voici, en effet, ce que nous lisons dans une brochure publiée par M. Bouhier, ancien directeur de l'École professionnelle, aujourd'hui défunt, à l'occasion de la cinquantaine de l'École professionnelle célébrée en 1884 :

« Le 3 septembre 1833, le maire, M. Ferdinand Favre, prenait l'arrêté suivant :

« Il sera établi à Nantes, aux frais de la Commune, une Ecole primaire supérieure.

» Le 6 janvier 1834, le Conseil municipal, confirmant sa délibération du 3 septembre, vota 3 centimes additionnels, au principal des quatre contributions, pour la construction immédiate de l'Ecole, et le 10 mars suivant 1834, la somme de 100,000 fr. est fixée pour l'érection de l'établissement.

» M. Arsène Leloup, pharmacien de 1re classe, à Paris, où il faisait, depuis plusieurs années, à des chefs d'ateliers et de manufactures un cours de chimie appliquée aux arts, est appelé à prendre la direction de l'Ecole et s'occuper de l'organisation des cours, se chargeant lui-même de la chaire *des sciences physiques* ; il s'adjoint comme professeurs :

» *Pour les mathématiques :* M. Papot.

» *Pour le dessin :* M. Driollet

» *Pour la langue française, l'histoire, la géographie :* M. Richelot.

» *Pour la musique :* M. Rebeyral.

» Un cours de *langue anglaise* est ajouté au programme et est confié à M. Pichon.

» L'école ouvrit ses portes le 2 novembre 1834, dans un local des plus modestes et tout à fait provisoire : rue S.-Léonard, 49. *Soixante* élèves sont présents, tous externes, l'école ne recevant pas de pensionnaires.

» A la fin de l'année scolaire 1834, l'école comptait 90 élèves et ce nombre s'élevait à 155 en 1838. »

On voit par ces quelques lignes que l'inaugurateur

de l'enseignement primaire supérieur à Nantes n'est pas M. Livet, mais bien M. Leloup.

Pour ce qui est des ateliers, ceux de l'Ecole professionnelle datent de 1868 ; nous ignorons la date précise de la création des ateliers de M. Livet.

Revenons à la distribution des prix de l'année 1895 :

« Après le compte rendu de l'année, M. Livet rappelle qu'il y a 50 ans qu'il a fondé son institution, que l'âge s'avance, mais qu'il n'en continuera pas moins à conduire les élèves dans la voie de l'honneur. »

Prière aux compositeurs de *clicher* ces lignes ; ils n'auront pas besoin de les composer une demi-douzaine de fois par an.

M. Livet ne ferait pas mal aussi d'apprendre à ses élèves la modestie, et pour cela, leur prêcher l'exemple. C'est trop de mise en scène pour un homme seul !

CHAPITRE XX

Espérance encore trompée — Séance municipale du 21 janvier — Scrutin du 3 mai 1896 — Les raisins sont trop verts, M. Riom n'en veut plus — Les frères ennemis — Sérénade infernale à l'Hôtel-de-Ville — L'ex-maire bat en retraite

Les années 1892, 1893, 1894, 1895 avaient fait place à l'année 1896, et le « cher maître » abusé par le « cher élève » attendait toujours. « Anne, ma sœur Anne, ne vois-tu rien venir ? »

Comme nouvelle fiche de consolation, le Préfet

Cleiftie lui avait pourtant fait entrevoir, à la réception du 1er janvier, l'espoir que l'année 1896 ne se passerait pas sans qu'une solution intervienne pour son établissement. En attendant, il le félicite des succès obtenus.

Hélas ! l'année 1896 passa, comme les précédentes, sans apporter autre chose que des espérances pour 1897. C'était renouveler le supplice de Tantale.

Le 21 janvier 1896, le Conseil municipal tenait séance, et la sempiternelle question était de nouveau agitée, pour n'en pas perdre l'habitude. Voici comment le *Phare* nous raconte la chose :

« M. le Maire lit l'exposé relatif aux modifications demandées par le Ministre des finances, dans le projet d'emprunt pour la contribution de la Ville à l'achat de l'institution Livet. Le Conseil avait décidé de verser des annuités trentenaires de 7.500 francs Le Ministre, ayant demandé de verser immédiatement le capital, le Conseil émit un vœu conforme Aujourd'hui, il demande de fixer le chiffre exact. Au taux de l'emprunt, c'est un chiffre de 134.390 francs à verser à l'Etat. »

Il est possible que M. le Ministre éprouvât le besoin pressant de boucher un trou.

Continuons :

« M. Catta. — Quelles sont les garanties de la Ville, au cas où le Gouvernement fermerait l'Ecole ? (*Pas de réponse !*)

» M. le Maire. — Ce que demande M. Catta serait de revenir sur la délibération du mois d'octobre.

» M. Catta. — Pas du tout. Je demande que l'Etat prenne l'engagement de maintenir l'école pendant 30 ans, et dans le cas de suppression, qu'il réserve à la Ville une compensation égale.

» M. le Maire. — La situation de Grand-Jouan, qui a été invoquée, n'a pas de rapport avec celle de l'Institution Livet.

Pour l'école de Grand-Jouan, l'Etat n'avait rien dépensé et il voulait placer l'école dans un grand centre. Dans le cas actuel, il n'y a rien à craindre.

» M. Catta. – S'il n'y a rien à craindre, on peut toujours demander.

» M. le Maire. – Ce serait retarder la question, car, pour les écoles du même genre, l'Etat n'a pris aucun engagement. (*Voilà !*)

« Les conclusions de l'Administration sont votées. »

A quoi songeait-il , M. Catta , de demander des garanties ? Des garanties ! Mais cela pouvait retarder l'affaire et le « cher maître » et le « cher élève » étaient pressés. Songez donc, il y a 4 ans qu'ils attendent !

De plus, les élections approchent, et les électeurs sont si capricieux !

Qui sait si, dans la bagarre, l'écharpe de M. le Maire ne va pas rester accrochée aux buissons de la route.

Donc, tant pis, cela durera ce que ça pourra, mais l'Etat ne donne pas de garanties !

ELECTIONS DU 3 MAI

1er TOUR DE SCRUTIN

Le matin. — Un indiscret nous a conté que le matin du 3 mai, le « cher élève » avait bien recommandé au « cher maître » de faire chanter à ses *jeunes camarades :*

Allons, enfants de la patrie,
Le jour de gloire est arrivé !

Le soir du jour de gloire du 3 mai

Résultat du scrutin, dans le 6e Canton

Electeurs inscrits : 4.155 - Votants : 2.349

Liste de l'Alliance républicaine		Liste Socialiste	
Leca	1009	Brunellière	1042
Montfort	1007	Chevé	893
Flornoy	928	Portais fils	890
Finck-Huguenot	920	Ribrac	867
Riom	867	Denecké	860

Patatras ! voilà l'écharpe et l'écharpé par terre ! Quel dommage : le *plus glorieux* élève de la maison Livet mordant la poussière ; et le « cher maître », qui n'était même pas là, pour l'aider à se relever !

Résultat du premier tour de scrutin : M. Riom, maire, obtenait un nombre de suffrages à peu près égal au cinquième du nombre des électeurs inscrits et un peu plus du tiers du nombre des votants, donnant la main au socialiste Ribrac, et ne laissant derrière lui que le pauvre Denecké, qui fermait la marche.

Le lendemain du 3 mai, le *Phare de la Loire* adressait, sous le titre : *Le Scrutin d'hier*, la mercuriale — juste mais sévère — qui suit au préfet Cleiftie et à ses complices du désastre électoral :

« Les événements n'ont que trop confirmé nos prévisions. Sans vouloir aujourd'hui entrer dans le détail des scrutins, dans les divers cantons de Nantes, il faut bien reconnaître *qu'ils sont désastreux* pour *l'alliance républicaine*, qui perd 3,000 voix sur les élections municipales de 1892.

» Ajoutons que les ballottages présentent un aspect *absolument inquiétant*, et que les *républicains sont sérieusement me-*

nacés de perdre la majorité au Conseil municipal, grâce à l'orientation donnée depuis quelque temps au parti.

» Nous ne jugeons pas que ce soit aujourd'hui l'heure de rechercher en détail les responsabilités. Il serait plus urgent d'aviser aux moyens, si, toutefois, il en existe, de réparer le mal. Nous craignons fort que l'état de la politique générale, aussi bien que de la politique locale, rende cette tâche presque impossible. En tous cas, ainsi que nous l'avons dit, nous déclinons à cet égard toute responsabilité. D'autres ont cru pouvoir se charger seuls d'en assurer le succès ; il est juste qu'ils portent également seuls le poids de la défaite.

» Si dans le désarroi actuel on vient s'adresser à nous, il serait difficile, nous devons le reconnaître, malgré toute notre bonne volonté, de réparer des fautes que nous n'avons pas commises.

» En tous cas, s'il est un homme qui mérite une mention spéciale, c'est M. le Préfet de la Loire-Inférieure. Arrivé dans le département pour hériter d'une situation préparée par ses prédécesseurs, pour trouver un parti républicain uni, pour assister à la victoire et s'en attribuer tout le mérite, il le laisse aujourd'hui déchiré, divisé, à la veille peut-être d'un désastre. M. le Préfet Cleiftie avait demandé au Gouvernement un répit ; il ne voulait partir que sur un succès électoral. Il doit être aujourd'hui heureux et fier de sa tâche, et le gouvernement devra certainement le féliciter et le récompenser de cette situation qu'il a, plus que personne, contribué à créer. »

— Nous n'avons pas à nous mêler de cette querelle entre frères, aujourd'hui ennemis, mais qui finissent toujours par se raccorder quand il s'agit de *taper* sur l'ennemi commun : le nommé *réactionnaire*, sans doute parce qu'il ne *réactionne* pas du tout.

Disons simplement, que le préfet Cleiftie n'est pas seul responsable de la demi-débâcle qu'a subie l'*alliance républicaine* en 1896, mais que le maire Riom y a bien été pour quelque chose, sinon pour beaucoup, par la triste façon dont il a mené les affaires de l'Hôtel-de-Ville, où il semblait n'avoir qu'une chose à cœur, savoir : l'acquisition de la maison Livet, par la Ville et par l'Etat. Et encore, même dans cette affaire, il a été tellement maladroit, qu'un de ses partisans nous disait récemment que si elle n'avait pas été conclue plus tôt, la faute en était à M. Riom. Nous ne disons pas non !

Triste nouvelle – Notre cher maire qui déserte la lutte

Le 7 mai, la Ville de Nantes apprenait avec stupeur le désistement de M. Riom. Notre maire renonçait à la lutte par désespoir de n'avoir obtenu que 867 voix, tout juste autant que l'obscur M. Ribrac.

Dans son canton, il venait juste *bon avant-dernier* sur 10 candidats.

Voici la lettre par laquelle il annonçait sa triste résolution. Elle était adressée à *M. J. Lanoë, président du Comité républicain du 6e canton de Nantes :*

« Mon cher Président,

» Vous savez que, depuis longtemps, j'ai manifesté le désir de ne pas me présenter aux élections municipales, estimant avoir rempli ma tâche par 42 ans de services gratuits : 10 de Tribunal de Commerce, 10 de Chambre de Commerce, 15 de Mairie, 7 de Conseil général.

» Cependant, nos amis m'ayant fait un devoir de me laisser porter, j'ai cédé à leurs instances.

» La lutte a été ardente surtout contre le Maire *qui voulait assainir la ville.* Aussi, devant le résultat obtenu, je retire mon nom qui pourrait nuire au succès des candidats républicains.

» En remerciant les électeurs qui m'ont conservé leur confiance, je me retire convaincu qu'un jour, *il sera rendu justice aux efforts que j'ai tentés pour sauver mes concitoyens d'une mort prématurée.*

» Recevez, mon cher Président, l'assurance de mes meilleurs sentiments.

» Alfred Riom. »

— C'est égal ! Si nous mourons d'une mort prématurée, ce sera bien de notre faute, car notre ancien maire *voulait assainir la ville*, et le Conseil municipal de 1892-1896, ainsi que les électeurs l'en ont empêché; quevoulez-vous faire avec des électeurs et un Conseil municipal comme ça !

Ingrate patrie, tu n'auras pas mes os !

C'est triste, vraiment triste ! Ce qui est plus gai, ce sont les 42 ans de services gratuits, savoir : 10 de Tribunal de Commerce, 10 de Chambre de Commerce, 15 de Mairie, 7 de Conseil général. Vérifiez : 10 + 10 + 15 + 7 = 42. Le compte y est !

Comme le maître et l'élève sont bien taillés sur le même patron ! L'un nous rabâche ses 50 ans de services, 51 en 1897 ; l'autre ses 42 ans. Tous deux nous ont répété cela cent fois, mais ils savent que : *Bis repetita placent*, et d'ailleurs, c'est pour nous les rappeler, en cas que nous les oubliions. Ce qui plaît moins à M. Riom, ce sont les *vestes*, bien qu'il ait eu le temps de s'y habituer pendant 4 ans, *et l'habitude est une seconde nature.*

Il est de fait qu'il en a remporté de belles, dans ses 4 années d'Hôtel-de-Ville, mais, c'est en cédant aux instances de ses amis, qu'il a conquis, de haute lutte, la dernière, laquelle il pourra nommer la *veste de complaisance!*

Cependant, chose rare, M. Riom a trouvé, dans son malheur, un sincère ami, qui, tout en lui disant ses vérités, ne lui a pas marchandé ses consolations. Ecoutez :

« L'heure ne nous semble pas venue d'apprécier en détail l'administration de l'homme, qui se retire, en écrivant une lettre *d'une dignité, d'une correction remarquable.* (*Question d'appréciation !*)

» Cependant, nous voudrions dire un mot de la *désinvolture* avec laquelle les amis de M. Riom *se débarrassent de l'ancien maire, comme un aéronaute jette du lest quand il se sent tomber.*

» *Le départ* de M. Riom a été escompté et annoncé depuis 2 jours, avec *un cynisme vraiment incroyable,* et le journal, qui s'était *constitué pendant 4 ans son défenseur attitré,* publiait, dès lundi, une note dont le manque de tact n'a surpris personne, mais qui a révolté jusqu'aux ennemis les plus acharnés de l'ancien maire. Cette note a été qualifiée durement par *l'Espérance du Peuple* de « Coup de pied de l'âne. » C'est aussi notre avis !

» Il nous plaît à nous, au contraire, *qui avons si souvent et si librement critiqué la gestion de M. Riom,* d'apporter dans notre appréciation, plus de justice et d'équité que ses anciens courtisans.

» Nous estimons que les *fautes commises doivent être attribuées, par-dessus tout, à l'indécision, mélange de faiblesse et surtout de bonté,* qui a livré M. Riom à son entourage et en a fait le prisonnier de ceux mêmes qui cherchent aujourd'hui à le transformer en *bouc émissaire.*

» Personnellement, M. Riom a été animé des *meilleures intentions, du sincère désir de bien faire,* et il faut ajouter, pour être absolument équitable, que c'est un esprit pratique et judicieux, prenant d'excellentes résolutions (*oh oui !*) lorsqu'il est livré à lui-même et n'ayant, en somme, qu'un tort capital, il est vrai, celui de ne pas vouloir *imposer sa direction à des hommes auxquels il était à tous égards* SUPÉRIEUR !!!

» Ces mêmes hommes lui témoignent aujourd'hui leur gratitude en le « *débarquant*, » suivant le jargon du jour, et en le *débarquant sans phrases*.

» Nous n'avons pris aucune part à cette dernière opération, pas plus qu'aux précédentes, et il nous est fort agréable à nous, *qui avons si souvent critiqué* l'administration, de lui rendre justice, en même temps que nous assurons l'homme privé de *notre sincère et cordiale amitié*. »

— Ce langage est parfait dans la bouche du *Phare*. Il passe de temps en temps la main sur le dos de l'ex-maire, tout en lui disant sa vérité : *Qui bene amat, bene castigat* !

Sans vouloir intervenir dans une querelle toute domestique, il nous sera permis, du moins nous le supposons, de glisser quelques petites réflexions à l'adresse de ce pauvre maire, qui vient de descendre du fauteuil municipal, car enfin c'était notre maire à nous aussi, et il nous intéressait vivement !

Passons sur la lettre *d'une dignité et d'une convenance remarquables*, car c'est une question d'appréciation, et arrivons à la *désinvolture avec laquelle les amis de M. Riom se débarrassent de l'ancien maire, comme un aéronaute jette du lest, quand il se sent tomber*.

— Convenons que c'est une singulière désinvolture, ressemblant fort à cet épouvantable expédient, auquel ont eu recours, dans de sinistres circonstances, des naufragés, mourant de faim, au fond de leurs barques dites de sauvetage, et qui tiraient au sort, pour savoir lequel d'entre eux servirait de pâture aux autres. Ici, on n'a pas même tiré au sort; on a saisi M. Riom, comme le plus encombrant, et on l'a jeté sans pitié par-dessus bord, et c'est grâce à cet affreux expédient et quelques heureuses manœuvres, que MM. Montfort et Murié ont pu sortir de la nacelle, suspendue aux flancs de l'aérostat du 6e canton, et d'en débarquer sains et saufs.

Que dire des *meilleures intentions* de M. Riom et de *son sincère désir de bien faire*, sinon qu'il n'a rien fait, sinon force boulettes, et pourtant que ne nous avait-il pas solennellement promis, dans son discours d'installation?

Que sont devenues ses belles promesses de *réformes, d'améliorations* et *de travaux?* — Autant en a emporté le vent! Pour tout cadeau, il a fait don aux contribuables de la maison Livet. C'est quelque chose, mais ce n'est pas assez!

ÉLECTIONS MUNICIPALES DU 12 MAI

dans le 6e Canton

2e TOUR DE SCRUTIN

MM.	Brunellière,	*socialiste.*	1290	voix.	élu.
	Chevé.	*id.*	1098	»	élu.
	Portais,	*id.*	1090	»	élu.
	Montfort,	(*alliance rép.*)	1001	»	élu.
	Murié,	*id.*	952	»	élu.
	Ribrac,	*socialiste.*	923	»	
	Denecké,	*id.*	899	»	
	Leca,	(*alliance rép.*)	790	»	
	Finck-Huguenot,	*id.*	734	»	
	Flornoy,	*id.*	720	»	

Résultat général de l'élection : 19 républicains, 17 conservateurs élus.

Si M. Riom était seulement resté un an de plus à l'Hôtel-de-Ville, nul doute que la majorité du Conseil eût été nettement conservatrice.

Mais le plus curieux de la journée du 12 mai, c'est ce qui s'est passé dans la soirée, à l'Hôtel-de-Ville, lors de la proclamation du résultat du scrutin, par M. Riom, maire intérimaire, jusqu'à la nomination de son successeur.

Une foule compacte remplissait la cour de la Mairie, jusque dans ses coins et recoins.

Après une longue attente, M. le Maire fit son apparition à l'une des fenêtres de l'Hôtel-de-Ville, un papier à la main.

Alors, vous dire les cris de toute sorte qui s'échappèrent instantanément de milliers de poitrines à cette apparition, serait impossible. Il faut avoir entendu pareil infernal concert, pour s'en faire une juste idée.

C'était à croire que, dans cette énorme foule, M. Riom n'avait pas un ami. Il en avait, sans doute, mais ils n'osèrent pas même donner signe de vie. Le même flot pour employer l'expression de M. Riom — qui l'avait porté doucement à l'Hôtel-de-Ville, le rejetait brutalement à la côte.

Seuls, les sergents de ville paraissaient s'apitoyer sur la situation pénible du maître de la veille et désolés du peu de respect pour l'autorité que montrait la population nantaise, mais ils n'osaient pas dire grand'chose, en voyant l'unanimité de l'hostilité de la foule.

Quand les poitrines éprouvèrent le besoin de prendre

quelque repos, avant de recommencer la sérénade, en ut majeur, M. Riom voulut profiter de cette accalmie, pour glisser quelques noms et quelques chiffres, mais ce fut en vain. A peine ouvrait-il la bouche, que les cris et les huées recommençaient comme de plus belle.

Après plusieurs tentatives infructueuses pour se faire entendre, M. l'ex-Maire, de guerre lasse, fermant brusquement la fenêtre, au risque de casser les carreaux, rentra furieux, avec sa liste non publiée, de sorte que les manifestants, n'ayant plus rien à faire là, se dispersèrent peu à peu ; et ceux qui ne voulurent pas se mettre en frais de 10 centimes, durent attendre jusqu'au lendemain des nouvelles de l'élection.

Ce qui étonna le plus dans cette soirée, ce fut de ne pas voir apparaître, et la musique Livet. et la maçonnerie de la *Libre-Conscience*, avec son drapeau de 1892. Si M. Livet avait été là, avec ses cuivres, et le Vénérable de la *Libre-Conscience*, avec ses maçons et leur drapeau déployé, nul doute que les choses auraient tourné autrement et que ceux-ci fussent restés maîtres du champ de bataille. Alors, tambours battant, trompettes sonnant et drapeau au vent, le bataillon des maçons, Vénérable en tête, aurait reconduit triomphalement, jusqu'à son domicile, le vaincu du 3 mai 1896.

Cela lui aurait fait oublier la manifestation aussi bruyante que peu généreuse, dont il avait été l'objet, jusqu'au siège de sa puissance de la veille.

Donnons une mauvaise note aux musiciens de M. Livet et aux maçons de la *Libre-Conscience*, pour n'avoir pas mieux compris leur devoir. C'est mal, c'est très mal ! Quand on a été à l'honneur, il faut savoir être à la peine.

Fin de la Mairie Riom

CHAPITRE XXI

Une cinquantaine — Une figure nantaise — Reconnaissance méritée — Fêtes sur fêtes

Parce que M. Riom a perdu son écharpe, dans la bagarre du 3 mai, ce n'est pas une raison d'interrompre les fêtes, ni surtout les réclames en l'honneur de son protégé.

Commençons par la *figure nantaise*, ou plutôt *angevine ;* c'est un portrait exposé par le *Phare* dans le numéro du 22 juin, et fait d'après les notes du *portraicturé*, par suite frappant de non ressemblance. Le voici :

« S'il est une figure éminemment nantaise, c'est bien celle de M. Eugène-Alexandre Livet, fondateur et directeur de l'Etablissement de la rue Sainte-Marie. Combien de jeunes gens a-t-il élevés et formés ? Combien *sont arrivés à des situations élevées ? On ne les compte plus* !!!!

» Ce qui a toujours été un des grands côtés, et le non *moins admirable* du caractère de M. Livet, c'est *l'abnégation, le dévouement et la charité.*

» Avait-il affaire à une famille pauvre, ayant des enfants intelligents, il n'hésitait pas.

» Avant que les bourses de l'Etat ou départementales fussent attribuées à son Etablissement, il *avait des élèves gratuits* qui, fort heureusement, lui ont tous gardé une grande reconnaissance.

» Il faut bien le dire, M. Livet a fait sa propre situation.

» Né à Vernantes (Maine-et-Loire), le 13 août 1820, fils d'un maréchal de logis de gendarmerie, chargé d'une nombreuse famille, *il débuta, dans l'enseignement, à l'âge de 14 ans,* comme maître-adjoint à l'école communale de Beaufort-en-Vallée, puis à celle de Mazé.

» Entré à l'Ecole normale primaire d'Angers, en 1836, il en sortit en 1838, pour occuper les fonctions d'instituteur de la Pouèze, la plus modeste commune du département de Maine-et-Loire. (Nul n'est prophète dans son pays)!

» Il quitta bientôt ce poste pour diriger l'école communale de Saint-Mathurin, commune un peu plus importante, et fut nommé, peu de temps après, en 1841, maître-adjoint à l'Ecole normale d'Angers.

» M. Livet *rêvait alors de procédés et de méthodes pédagogiques,* qu'il ne pouvait appliquer dans l'enseignement officiel, forcément étroit, par suite de l'uniformité des programmes.

» Il eut la pensée de fonder une école libre *pour l'application de ses idées personnelles, résultat de ses réflexions, de son travail et de son expérience.* Il prit donc à Nantes en 1846, la direction d'une petite école primaire, établie dans un local aussi triste que restreint, rue des Capucins.

» Les commencements furent des plus pénibles. M. Livet était étranger à la Ville et n'y connaissait personne. *Accueilli avec défiance par les familles, il put cependant vaincre les résistances de toutes sortes qu'il rencontra, et vit sa petite école prospérer avec rapidité.*

» En 1848, il s'installa dans un autre local, rue de la Verrerie, qui lui permit de réunir plus de 200 élèves et de commencer à fonder l'internat, qui devait donner plus tard à l'établissement une *renommée universelle.*

» Le local, beaucoup plus convenable que le premier, ne se prêtait pas *cependant à un plus grand développement que le premier* et la réputation, qui s'attachait déjà à l'école, faisait prévoir qu'il ne tarderait pas à être insuffisant.

» En 1862, M. de Saint-Quentin, notaire à Bouaye, près Nantes, appréciant les qualités qui pouvaient permettre à M. Livet de donner une grande extension à son œuvre, lui proposa, à titre de prêt, la somme nécessaire à l'acquisition d'un vaste terrain, alors en vente, rue Sainte-Marie. M. Livet, excité par un espoir égal à la confiance qui lui était témoignée, accueillit avec empressement cette proposition et lui, qui *n'était riche que d'espérance devint propriétaire* de 5.000 mètres carrés, au centre d'une grande ville.

» C'était beaucoup, mais il fallait bâtir, meubler. C'est là que M. Livet eut besoin de faire appel à tout ce que peut suggérer *l'idée de faire une œuvre grande et utile, sans risquer les intérêts de ceux qui lui venaient en aide, avec tant de confiance.*

» On sait ce qui se passa et combien les apparences sont trompeuses. *Les recettes de M. Livet arrivaient à peine à couvrir ses obligations, et si la convention de l'année dernière (1895) n'était pas intervenue entre la Ville et l'Etat, on ne sait pas quel aurait été le sort de cet homme, qui s'était toujours sacrifié.*

» Il y a donc 50 ans, qu'il fondait à Nantes, dans la rue des Capucins, une petite école, qui servit ensuite d'école maternelle à Mme Faucheux. C'est là, où va être posée la plaque commémorative rappelant les débuts de M. Livet. »

Nous ne saurions résister au désir de faire quelques réflexions au sujet de ce portrait flatté, mais flatté au point de pouvoir blesser la modestie bien connue de M. Livet.

1° Son portraitiste parle *des situations élevées* auxquelles sont parvenus un grand nombre d'élèves de M. Livet.

Nous connaissons cette antienne pour l'avoir entendu chanter un si grand nombre de fois que, par suite de ce que l'on nomme, en philosophie, *une association d'idées,* nous ne pouvons entendre parler de M. Livet, sans songer immédiatement aux *hommes distingués* qui lui font cortège. Livet et hommes distingués semblent des mots inséparables !

Le *Phare* dit qu'on ne les compte plus. Oh ! si. Même l'enfant, qui ne sait pas compter jusqu'à *dix*, arriverait à les compter facilement.

2° Le *Phare* dit que M. Livet a eu *des élèves gratuits.* — Oh ! pas beaucoup alors, car ce n'est pas de cela qu'il aurait vécu, avec ses 1.000 francs d'emprunt, et s'il en a reçu quelques-uns, inutile de lui en faire un mérite, car il n'est pas un seul instituteur, pas un chef d'institution, pas même un professeur particulier, qui n'en ait fait autant à l'occasion, que l'élève fût *intelligent* ou non ! Seulement, ceux-là ne s'en vantent pas, et Dieu seul les connaît !

3° Le *Phare* trouve *admirables l'abnégation, le dévouement, la charité* de M. Livet. -- Il nous permettra de ne pas partager son admiration, car nous avons des yeux comme tout le monde, pas mauvais encore, malgré notre âge, eh bien ! même en regardant de près, franchement, nous n'avons jamais trouvé matière à admiration dans la somme d'*abnégation, de dévouement et de charité* dépensée par M. Livet, dans toute sa vie, et de cette somme, nous pensons qu'il doit encore lui en rester beaucoup !

4° Donnons un bon point à la précocité du jeune Eugène Alexandre Livet, *débutant dans l'enseignement à l'âge de 14 ans, en qualité de sous-maître.*

5° Ce que nous aimerions à connaître, ce sont *les*

procédés, *les méthodes pédagogiques* inconnus du vulgaire auxquels rêvait le jeune Eugène-Alexandre Livet en 1841, et en outre les *idées personnelles* qui roulaient dans sa forte tête de 21 ans — idées qui étaient le *résultat de ses réflexions, de son travail et de son expérience*.

Si jeune et déjà si travailleur et si *expérimenté !*

Ah ! c'est le cas de dire, ou jamais, que, chez le jeune Alexandre Livet

L'expérience n'a pas attendu le nombre des années !

6° Le *Phare* dit que *M. Livet fut accueilli avec défiance par les familles.* — Sans doute, les familles nantaises ne se jettent pas au cou du premier étranger venu, qui débarque dans leur Ville; toutefois elles ne sont pas assez inhospitalières, pour accueillir avec défiance un étranger, surtout quand cet étranger est un grand et beau jeune homme de 26 ans, possédant un grand air de bonté, qu'il a su, du reste, conserver depuis.

7° Le *Phare* parle *des résistances de toutes sortes que rencontra* M. Livet. — Nous nous demandons quelle pouvait être la nature de ces résistances et si elles étaient si nombreuses qu'il veut bien le dire, pour s'en faire un mérite. S'il en avait été ainsi, M. Livet, *étranger à la Ville, n'aurait pu les vaincre si facilement et voir son école prospérer avec rapidité.*

8° Le *Phare* donne à l'internat Livet *une renommée universelle.* C'est beaucoup dire ! Sans doute M. Livet n'a rien négligé pour cela, mais il n'y est pas parvenu. Combien de gens, même à Nantes, parmi ceux qui ne lisent pas les journaux, ou qui sont peu amateurs de grand orchestre, ne connaissent pas plus l'internat Livet que le grand Turc.

9° Ce petit mot de *propriétaire de 5,000 mètres carrés* payés avec de l'argent emprunté à M. de Saint-Quentin est assez réussi !

10° Que dire *de l'idée de faire une œuvre grande et utile, sans risquer les intérêts de ceux qui lui venaient en aide avec tant de confiance*, sinon que c'était une idée très aventureuse, et qu'il est très imprudent de tenter des aventures avec l'argent des autres ! La suite l'a complètement démontré, puisque le *Phare* ajoute : *On sait ce qui se passa, et combien les apparences sont trompeuses*. Hélas ! et comme le dit si bien le *Phare*, *si la convention de 1895 n'était pas intervenue entre la Ville et l'Etat, on ne saurait quel aurait été le sort de cet homme qui*, dit le *Phare* — *s'était toujours sacrifié*.

Le *Phare* aurait pu rayer ces derniers mots, qui constituent une mauvaise plaisanterie. *Sacrifié* à qui ? à quoi ?

M. Livet n'a jamais vécu de sacrifices ni de privations, que nous sachions. Il a toujours bien vécu, fait toujours les voyages qui lui étaient utiles ou agréables. De plus, il a été comblé d'honneurs, de subventions, de bourses, d'éloges, de réclames, et, finalement, on lui tire une épine du pied en achetant sa maison, bien que la Ville n'en ait nul besoin. Que lui faut-il de plus, et nous nous demandons, en tout cela, où sont les sacrifices de M. Livet ?

La Fête de la Plaque

Nous passons un instant la plume au *Phare* pour nous raconter cela comme il faut :

« Les fêtes ont débuté hier par un concert des *mieux composés* (*naturellement !*) organisé par les élèves de l'Institution.

» Aujourd'hui a été posée une plaque rappelant la fondation de l'Institution Livet.

» Dès 9 heures, tous les élèves de l'Institution Livet, précédés de la musique et des anciens élèves, se sont rendus à la rue des Capucins, où a débuté l'Ecole. La plaque est en marbre et se trouve au-dessus de la porte. Elle rappelle la fondation de l'Ecole, le 1er juillet 1846, et la cérémonie d'aujourd'hui.

» Elle porte l'inscription suivante :

» En cette maison a été fondée, le 1er juillet, l'Institution Livet.

» Les anciens élèves ont posé cette plaque à l'occasion du cinquantenaire de l'Institution 1846-1896.

» Des discours ont été alors prononcés par M. Livet, par M. Riom, président de l'Association des anciens élèves, et par un élève. Ils ont ensuite traversé la maison et sont rentrés à l'Ecole.

» La musique s'est fait entendre sur le parcours. »

Commençons par faire remarquer que M. Livet n'a pas fondé l'école de la rue des Capucins. Dans le local même, où il s'est établi, il y avait, avant lui, un autre instituteur, dont il a sans doute pris la suite, et dont le nom nous échappe en ce moment, mais que nous retrouverons, au besoin, car nous tenons ce détail d'un homme qui a été élève du prédécesseur de M. Livet, et ensuite élève de M. Livet lui-même, rue des Capucins.

M. Livet a bien dit qu'une institutrice lui avait succédé dans le local de la rue des Capucins, mais il a oublié de nous dire qu'un instituteur l'avait précédé.

Cela dit, revenons à la fête de la PLAQUE.

— Le petit compte rendu qui précède porte que *les élèves sont ensuite rentrés à l'Ecole.*

Ils auraient mieux fait de n'en pas sortir, pour ne pas participer à une fête si bien marquée au coin du ridicule, mais puisqu'ils avaient tant fait que de sortir, au lieu de rentrer si précipitamment, ils auraient dû aller jusqu'au bout, c'est-à-dire élever sur le pavois le héros du jour, et ainsi juché, le promener triomphalement par les rues de la Ville, porté sur les robustes épaules du *plus glorieux* élève de la rue Sainte-Marie et des anciens camarades aussi bien partagés, sous le rapport des épaules.

Les nouveaux élèves auraient marché devant en lignes serrées, précédés par la musique, et ce n'est qu'après avoir accompli l'itinéraire fixé, qu'ils auraient fait leur entrée triomphale à l'Etablissement, tambours battant et cuivres sonnant.

Quand on prend du ridicule, on n'en saurait trop prendre !

Pour parler sérieusement, nous dirons que, bien que le charlatanisme soit à la mode, nous ne pensons pas qu'il se trouve, en France, *un seul autre instituteur* capable de se prêter si complaisamment à une farce aussi grotesque.

Jusqu'à ce jour, les exhibitions de cette sorte étaient réservées à la place Bretagne, et encore en temps de foire ou de carnaval !

Ce n'est pas là de l'enseignement, c'est du charlatanisme et du plus pur.

LA CINQUANTAINE

Les Fêtes de l'Institution Livet — Au Parc d'Horticulture

A la date du 23 juin 1896, nous lisons dans le *Phare de la Loire* :

« La journée d'hier était bien remplie pour les élèves de l'Institution Livet. Dès le matin, ils étaient allés, musique en tête, poser une *plaque commémorative*, rue des Capucins.

» L'après-midi, ils donnaient une grande kermesse au Parc d'Horticulture.

» *Tous les élèves qui, pendant 50 ans, se sont pressés sur les bancs de l'Ecole avaient tenu à prendre part à cette fête* organisée par ceux qui les ont suivis.

» Aussi le parc était-il absolument rempli. On avait peine à circuler dans les allées, et les pelouses elles-mêmes étaient bien garnies. On a eu de la peine à faire de la place pour les mouvements d'ensemble qui commençaient la fête. »

— Faisons grâce à nos lecteurs des mouvements d'ensemble, et tâchons de nous rendre compte, si faire se peut, du nombre de personnes qui pouvaient participer à la fête.

Le *Phare* nous dit *que tous les élèves qui, pendant 50 ans, se sont pressés sur les bancs de l'Ecole avaient tenu à prendre part à cette fête.* Or, M. Riom accusait pour l'année 1896, un chiffre de 750 élèves, dont 250 internes et 500 externes, chiffre qu'il serait bien embarrassé de justifier, mais cela n'est pas nécessaire, nous ne le lui demandons pas !

Admettons seulement que, pendant 50 ans, M. Livet ait eu une moyenne de 300 élèves par an ; en tout, cela ferait 300 × 50 = 15.000. Admettons qu'à la fête du Parc il y eût 2 parents, amis ou connaissances par élève, cela ferait 2 × 15.000 = 30.000 amis et connaissances; en tout 15.000 + 30.000 = 45.000 personnes circulant dans les allées et garnissant les pelouses. Nous comprenons qu'avec 45.000 personnes, *on ait eu de la peine à faire de la place pour les mouvements d'ensemble.*

A 10 centimes seulement, par personne, cela ferait pour l'Administration du Parc une recette égale à 0 fr. 10 × 45.000 = 4.500 francs, sans parler des consommations.

C'est une superbe recette, comme n'en réalise pas tous les jours l'Administration. Seulement nous nous demandons comment on pouvait bien se mouvoir dans une pareille foule.

Banquet des Anciens Élèves

C'est toujours au *Phare* que nous demanderons ce qui s'est passé et dit à ce banquet « dernier acte des fêtes de la cinquantaine. » — Voici : « Un grand nombre d'entre eux avaient répondu à l'appel du Comité, aussi 200 convives (*en nombre rond, mais pas garanti*) ! étaient réunis dans la salle Gault :

« Table d'honneur : MM. Riom, *président*; Livet, *père*; Boncourt, *secrétaire général de la Préfecture*; Larocque, *inspecteur d'académie*; Monfort, Merland, Lecadre, *adjoints*; Portejoie, *inspecteur primaire*; Texier, *président du Syndicat de la boulangerie*; **Cheval**, *abbé*, **professeur** *à l'Institution*; Eugène Livet, *fils*; Eugène Livet, *petit-fils*; Sizeler, Rappin, Gouin, Puybaraud, *anciens élèves*; Fretaud, Doby, *professeurs*;

Borion, *chef des ateliers ;* Simon, Caffin, *membres du Comité* et les représentants de la presse.

» Le dîner s'est passé très gaiement et au champagne, M. Riom a pris le premier la parole. Il a, dans les mains, une quantité de lettres et de dépêches dont il donne lecture.

» C'est d'abord la lettre du directeur de l'Ecole normale d'Angers qui, empêché de venir à la fête, envoie ses sentiments de vénération profonde au doyen des anciens élèves de l'école.

» C'est ensuite une lettre de M. Frédéric Passy (*catholique passé au protestantisme*), membre de l'Institut, qui est trop fatigué pour affronter le voyage de Nantes, mais qui se propose de venir, vers les vacances, visiter M. Livet.

» Puis des lettres et dépêches d'excuses de M Boutet, *directeur des contributions directes,* de M. Gréard, *vice-recteur de l'Université de France,* du groupe des anciens élèves de Châteaubriant, qui est de cœur avec ses camarades Nantais ; de M. Georges, de Marseille, *ancien élève,* qui envoie ses sentiments de profonde admiration ; des élèves de l'Ecole des Arts-et-Métiers d'Angers, qui envoient leurs meilleurs souhaits ; du groupe de Paris qui, tout en félicitant les Nantais, dit que la fête aura son lendemain à Paris.

» Enfin, M. Riom a gardé, pour la dernière, la dépêche du Ministre de l'Instruction qui, obligé de retenir, à Paris, le directeur de l'enseignement primaire supérieur, envoie ses sentiments de meilleure sympathie et *souhaite le prochain couronnement de son œuvre.*

» M. Riom ajoute que le Ministre de l'Instruction publique, en envoyant cette dépêche, a voulu dire que le couronnement de l'œuvre de M. Livet était celui que le Comité recherchait : l'achat et l'érection en école d'Etat de l'Institution Livet.

» Aujourd'hui qu'il n'est plus retenu par les réserves, que lui imposaient ses fonctions, M. Riom peut dire franchement ce qu'il pense.

» Il ne faut pas que les efforts faits par M Livet, depuis 50 ans, succombent sous la concurrence que lui font les écoles congréganistes. *Seul* jusqu'à présent, *il a pu résister en France,* ce serait une faute grave de l'abandonner.

» Il y a *une question, qui n'est pas locale, mais nationale*. Il ne veut pas blâmer les écoles congréganistes qui se servent des méthodes *préconisées* par M. Livet, mais il est de l'intérêt *national* de créer une école nationale dans l'Ouest. On en a créé de toutes pièces à Voiron et à Armentières; à Nantes *tout est préparé* et ce serait une faute grave que de laisser péricliter l'École et de *refuser* la convention proposée et d'ailleurs *acceptée*.

» A Nantes, M. Livet instruit *250 internes*, parce qu'il ne peut en recevoir davantage; il a *500 externes*, parce que l'établissement n'a pas de dimensions plus grandes ; c'est donc une garantie de succès. On ne peut pas *marchander* avec M. Livet, le vénérable professeur que *tous* estiment.

» C'est dans ces sentiments que M. Riom boit au maître qui, il faut le dire, sans un faux orgueil, a fait de ses élèves des *hommes utiles à la patrie*, et qui, quoi qu'il arrive, seront toujours des honnêtes gens. Il boit à M. Livet, et à son *Institution impérissable*, car c'est la nation qui va en prendre possession, et qui continuera son exploitation dans l'avenir.

» Ce discours est couvert d'applaudissements. » — (*Il le méritait assurément, vu la note comique qui y domine*).

Revenons sur le discours de M. Riom, qui, en quittant la Mairie, n'y a pas laissé son talent de parler pour ne rien dire, ou pour répéter constamment les mêmes banalités.

1° M. Riom, craignant que ses auditeurs eussent l'esprit trop obtus pour comprendre d'eux-mêmes : que *le prochain couronnement de l'œuvre de M. Livet*, cela voulait dire *l'achat et l'érection de son Institution en école d'Etat*, a tenu à le leur expliquer. Merci pour eux de sa bonne intention !

2° M. Riom prétend que *seul jusqu'à présent, M. Livet a pu résister, en France, aux écoles congréganistes.*

D'abord, qu'en sait-il? Est-ce qu'il se flatte de connaître toutes les écoles de France? Et ensuite M. Livet, malgré ses 750 prétendus élèves, ne peut résister, puisqu'il ne demande qu'à rendre ses armes à l'Etat.

3° M. Riom est plaisant, quand il dit : *Tout est préparé* et que ce serait une faute grave que de... *refuser* la convention proposée et d'ailleurs *acceptée*.

Si tout *est préparé* et la convention *acceptée*, pourquoi M. Riom parle-t-il de refus? Serait-ce par crainte qu'on ne manquât de parole en haut lieu, ou qu'on ait accepté à la légère, sans s'assurer de l'état de la caisse?

4° S'il est vrai que M. Livet a 250 internes et 500 externes, on ne peut comprendre qu'avec un pareil effectif, il crie misère et réclame le secours de l'Etat.

5° Il n'y a rien d'*impérissable*, en fait d'institutions humaines, lors même que l'Etat en prendrait la possession. Combien d'institutions l'Etat a dû abandonner après en avoir pris possession, parce que, malgré un écrasant budget de plus de 3 milliards, ses ressources sont limitées. De là l'attente si longue qu'on fait subir à M. Livet.

Discours de M. Boncourt

« M. Boncourt dit que notre nouveau préfet, M. Juncla-Pelous, aurait été heureux d'assister à cette fête, mais qu'étant obligé de s'absenter, il l'a délégué, pour représenter l'Administration préfectorale. Il est très heureux de cette décision, car il professe pour M. Livet une très grande amitié. La dépêche ministérielle lui rend sa tâche facile.

» La création d'une école professionnelle nationale dans l'Ouest est reconnue indispensable et tout fait espérer que M. Livet recevra la récompense de ses efforts. M. Boncourt veut rendre hommage à cet homme de devoir et de dévouement, *qui a créé l'enseignement professionnel et technique*, et qui *a mené* à bonne fin cette *œuvre admirable*.

» Son nom représente une personnalité et une idée : d'une part le travail et le devoir ; de l'autre le progrès et l'avancement.

» Il boit donc à M. Livet et à son œuvre. »

Nous ne dirons qu'un mot, en réponse à ce petit discours, c'est que l'école fondée par M. Leloup a précédé de 12 ans l'Ecole Livet, qui n'est elle-même devenue Ecole professionnelle, que bien des années après sa fondation. M. Livet n'a rien inventé du tout, pas même la poudre de perlimpinpin..

Discours de M. Larocque

« M. Larocque, après une entrée en matière, dans laquelle il félicite M. Livet, tient à dire qu'il approuve les paroles de M. Riom ; il *faut* qu'un établissement qui a rendu tant de services en rende encore de plus grands, sous la direction de l'Etat. Il a toujours été partisan de l'achat, et il fera tous ses efforts, pour que cette solution intervienne.

» Il ajoute qu'il demandera après l'achat que l'établissement conserve le nom de son fondateur, pour qu'il passe à la postérité. »

Si M. Larocque n'a que cette demande anodine à formuler, il ne rencontrera pas de grandes difficultés, parce que l'accomplissement de ce vœu ne coûterait rien aux contribuables. Quant à faire passer à la postérité le nom de M. Livet, c'est autre chose !

Dans quelques années, que restera-t-il de cette célébrité de commande et de carton ? — Rien, absolument rien.

M. l'Inspecteur d'académie dit *qu'il fera tous ses efforts* pour que cette solution (la solution de la transformation de M. Livet en *personnage national*) intervienne.

Nous pensons que M. Larocque ferait bien de réserver *tous ses efforts* pour une occasion où ils seraient plus opportuns, car la solution *Livet-Etat* dépend de trois choses :

1° De l'argent qu'il y aura en caisse, et pour l'Etat, il ne faudra pas moins de 700.000 francs, tant pour verser au vendeur, que pour *raccommoder* sa maison, qui en a grand besoin pour faire bonne figure dans le monde, et honneur à son titre d'Ecole nationale ;

2° Du consentement de la Chambre des Députés, parmi lesquels il en est de grincheux en matière de finances, et ils n'ont pas tort ;

3° Du consentement du Sénat, qui ne vote pas toujours *au pied levé* ce qui a été voté au Corps Législatif.

Cela étant, nous nous demandons quelle influence pourront avoir *tous les efforts* de M. Larocque, pour la solution de la question Livet, et jusqu'à preuve du contraire, nous pensons que cette influence sera absolument nulle, sinon négative.

L'hommage rendu à M. Livet par M. Merland, au nom de l'Administration municipale, n'est pas banal du tout.

« M. Merland, au nom de l'Administration municipale, tient à rendre un hommage *éclatant* à M. Livet. La Ville de Nantes a voté les sacrifices d'argent que lui demandait le Ministre ; il espère que l'Etat s'associera à ce que fait la Ville.

» Il boit donc à M. Livet. »

Un hommage éclatant ! Nous aimerions à voir comment c'est fait, et si ce genre d'hommage provoque des éclats meurtriers, par conséquent, dangereux pour les convives, ou simplement de violents éclats de rire au dehors, ce qui est moins meurtrier.

« M. Doby, au nom des professeurs de l'Institution, fait l'historique de l'Etablissement et fait ressortir les mérites de M. Livet. »

Vu sa qualité de professeur d'histoire, l'honneur revenait de droit à M. Doby de faire l'historique, disons mieux, l'historiette de l'Etablissement, historiette revue, corrigée et, suivant l'usage, considérablement augmentée et embellie.

Seulement, nous nous demandons comment M. Doby, dont M. Livet pourrait être le grand-père, était-il si bien renseigné sur la jeunesse d'Eugène-Alexandre et les diverses phases de sa longue existence. Toutes réflexions faites, nous avons trouvé que l'embarras de M. Doby n'a pas dû être grand et qu'il n'avait pas besoin d'aller bien loin, ni de se mettre en frais de génie et d'imagination pour puiser des inspirations à bonne source. Il n'avait qu'à se rendre à la bibliothèque du *patron*, et là se trouvait un portrait Livet confectionné sur commande et sur mesure, il y a plus de 20 ans, et pour plus amples renseignements, il lui suffisait de s'adresser à l'original en chair et en os.

» Un représentant de la presse dit que le rôle des journaux est de s'associer à la réussite de l'entreprise de M. Livet.

— Oh ! de ce côté là, M. Livet ne saurait se plaindre, car, chose rare, il est patronné par les journaux de toute couleur et il peut dire, en toute vérité, *qu'il a une bonne presse.*

De perfectionnement en perfectionnement, nous pensons, qu'avant peu, un *reporter* spécial sera attaché, par chaque journal, à un pan de la redingote de M. Livet, pour rendre compte du moindre de ses faits et gestes.

« M. Griveaud parle au nom de la *Ligue de l'Enseignement*, qui est née de l'initiative libre, et il est heureux de saluer M. Livet qui, après 50 ans de travail, dirige une institution libre. »

Constatons une fois de plus que la *Ligue de l'Enseignement* porte le plus vif intérêt à l'*Institution libre* de M. Livet.

« M. Livet *fils* prend ensuite la parole :

» Il s'exprime avec une émotion que nous comprenons, et il tient à rendre hommage aux trois hommes qui l'ont secondé dans les négociations : MM. Montfort, Boncourt et Larocque.

» *Son père est si modeste qu'il n'osait parler à M. Riom*, son ancien élève. *Il le chargeait d'aller à la Préfecture et au Ministère.* M. Livet avoue, qu'avec un air décidé, il n'était pas hardi, mais il a trouvé un appui qui l'a rassuré.

» Il porte un toast à ces trois hommes.

» Quant à M. Riom, il ne lui doit rien, quoiqu'on prétende que son père lui doit 300,000 francs. C'est un banquier qui aurait travaillé pour lui. (*On demande le nom du banquier*).

» M. Livet porte un toast à son père, dont personne *ne connaît, comme lui, le cœur et le sentiment qu'il a du devoir.* Une cinquantaine ne se présente qu'une fois : on peut lui permettre de dire *qu'il est le plus fervent et le plus dévoué des admirateurs de cet homme d'honneur.*

» Il se jette dans les bras de son père et cette scène n'est pas la moins attendrissante de la soirée. »

— Nous sommes loin de blâmer — bien au contraire — les sentiments affectueux et respectueux d'un fils pour son père, c'est son devoir; mais, précisément, cette affection, ce respect ne lui permettent pas d'être bon juge en certaines matières. Quand il dit que son père n'est pas hardi, il dit vrai; mais il a toujours su surmonter sa timidité naturelle quand il s'agissait de demander quelque chose, et à la Préfecture et au Ministère; et s'il a beaucoup obtenu, c'est qu'il a beaucoup demandé !

M. Livet fils dit aussi que son père est *modeste*; en cela il se trompe. Nous lui accordons, pour son père, la timidité, mais pas du tout la modestie; il n'en a que l'apparence et rien que l'apparence !

Quand on est modeste, on ne passe pas sa vie à s'admirer et à se faire admirer.

En fait de modestie ou d'humilité, nous n'en connaissons pas d'autre à M. Livet que ce genre qu'on appelle *humilité crochue* qui, suivant M. La Rochefoucauld, *est un artifice de l'orgueil, qui s'abaisse pour s'élever*, et consiste à s'abaisser jusqu'à terre, pour qu'un admirateur complaisant vous exalte jusqu'au troisième ciel.

Quant à la *scène attendrissante* signalée par le *Phare*, elle ne nous a ni étonné ni attendri, parce qu'elle est de rigueur et fait partie du programme!

Tous les ans, régulièrement, pareille scène se renouvelait à la distribution des prix; seulement, là, c'était le père qui faisait l'éloge du fils. Ce moment arrivé, le père avait des sanglots dans la voix; et le père et le fils se précipitaient dans les bras l'un de l'autre. Les grands élèves étaient tellement habitués à cette petite comédie que chacun disait à son voisin : voilà le coup des larmes !

Pardon de ces réflexions, mais nous n'aimons pas les émotions de commande.

Après la petite *scène attendrissante*, dont nous venons de parler, M. Riom a repris la parole : voici comment le *Phare* le fait parler :

« M. Riom est heureux de s'expliquer. Il est vrai qu'il a rendu des services à M. Livet, mais quand il est arrivé à la Mairie de Nantes, il ne lui devait plus rien. Pas plus que lui, M. Livet n'aurait eu la pensée de spéculer.

» Il a soutenu la demande de M. Livet, pour les raisons qu'il a données, parce qu'il la croit d'un intérêt national, et *comme président de l'Association, il devait se donner tout entier à la réussite de l'affaire.* »

— Nous nous permettrons de faire observer à M. Riom qu'il devait oublier son titre de *président de l'Association*, pour se souvenir qu'il était maire de Nantes.

Les maires, ses prédécesseurs, pour le moins aussi éclairés que lui sur les besoins de la Ville et meilleurs appréciateurs des bienfaits de l'instruction, en tout genre, ont constamment repoussé les propositions de M. Livet.

La Ville, déjà dotée d'une superbe Ecole professionnelle communale, pouvait, sans péril dans la demeure, attendre que la situation financière permît d'en créer une seconde, si le besoin s'en faisait sentir.

Pour l'instant, il y avait des besoins plus pressants à satisfaire et M. Livet, s'il avait 500 externes et

250 internes, pouvait fort bien attendre et continuer à payer, comme par le passé, ses annuités au Crédit foncier.

Pour ce qui est d'oser soutenir qu'il y allait de l'intérêt — pourquoi pas dire du salut — de la nation à transformer l'Ecole libre de M. Livet en *Ecole nationale*, c'est tout bonnement se moquer du public; et heureusement pour M. Riom qu'il parlait devant des auditeurs triés sur le volet, sans cela il eût été sifflé sur toute la ligne, comme il l'avait été deux mois auparavant dans la cour de la Mairie.

Discours de M. Livet père

Un discours de M. Livet père est un événement dans la circonstance, car il va parler *pro domo sua*. Prêtons donc l'oreille à ce petit discours, pour en faire notre profit.

Voici comment le *Phare* en rend compte :

« M. Livet père raconte d'une manière touchante son arrivée à Nantes, dans une ville où il ne connaissait personne. On lui avait prêté 1.000 francs, avec lesquels il devait faire fortune en 10 ans, sous peine d'aller ailleurs.

» Il se voit encore *marchand de soupe*, comme on dit, avec une vieille femme et *un vieux prêtre, qui puisait ses inspirations dans une bouteille d'eau-de-vie.*

» *Pendant 40 ans, personne ne parlait de lui. Il ne savait à qui s'adresser ; il n'osait aborder le Préfet; il ne pouvait aller dans les journaux* ; les uns lui auraient reproché son *cléricalisme, les autres l'auraient traité de franc-maçon*, et cependant il voulait la liberté pour tous.

» Il avait gagné beaucoup d'argent, mais il lui fallait payer 80.000 francs (*oh !*) de maîtres chaque année.

» Son établissement lui a coûté *un million (oh !)*, et cependant il le vend pour 450.000 francs, qu'il doit.

» Il ne lui restera rien, mais il sera heureux, quand même, *car il est honoré de tous* et ce n'est pas une mince satisfaction pour lui.

» Cette amitié se reportera sur ses enfants, qui portent le nom que tous les convives de ce soir honorent. »

Et le *Phare* ajoute comme conclusion :

« Cette fête laissera un profond souvenir chez ceux qui y assistaient, et démontrera combien est estimé l'homme dont on célébrait la cinquantaine de l'arrivée à Nantes. »

Nous dirons nous : Voilà un petit discours, qui ne vaut pas, à la vérité, son pesant d'or, mais qui mérite pourtant qu'on s'y arrête un peu, ne serait-ce que pour demander quelques explications à l'orateur.

1° Nous ne voyons pas bien pourquoi, si M. Livet n'avait pas fait fortune en 10 ans avec ses 1.000 francs d'emprunt, il eût été condamné à aller chercher fortune ailleurs, car, d'après ses propres calculs, il a emprunté bien des fois des milliers de francs, a dépensé *un million*, sans avoir fait fortune, et pourtant, non seulement il ne parle pas d'aller chercher fortune ailleurs, mais il se cramponne plus que jamais à sa maison de la rue Sainte-Marie, moyennant qu'elle passe à la Ville ou à l'Etat et qu'il paie ainsi ses dettes,

2° M. Livet dit qu'il se voit marchand de soupe, avec une vieille femme et un *vieux prêtre, qui puisait ses inspirations dans une bouteille d'eau-de-vie*.

Après un bon dîner, ce mot a dû faire fortune à la salle Gault, mais il fait peu d'honneur à la délicatesse de M. Livet, pour plus d'une raison, dont la première est qu'il a été lancé devant un prêtre. M. Livet s'est départi en cette occasion de sa prudence et de sa politique ordinaire, qui a toujours consisté *à ménager la chèvre et le chou.*

A quel titre ce vieux prêtre était-il chez M. Livet? Etait-ce comme pensionnaire, ou comme professeur? Dans un cas, comme dans l'autre, il n'aurait pas dû, pour la bonne renommée de sa maison, le garder chez lui, pour lui jeter la pierre après sa mort.

3° M. Livet dit que *pendant 40 ans, personne ne parlait de lui.*

Quarante ans, c'est beaucoup dire; M. Livet n'était pas homme à endurer si longtemps le silence autour de son nom. Il aime trop la réclame pour cela.

A quelle année remonte le premier coup d'encensoir? Nous ne saurions le dire au juste; il faudrait, pour être fixé, consulter la collection des divers journaux, publiés à Nantes, depuis 1846, ce qui exigerait un vrai travail de Bénédictin. Tout ce que nous pouvons dire, c'est que depuis 30 ans, les prouesses de M. Livet ont fait assez de tintamarre, dans la presse de toutes les couleurs. On ne lui marchandait les réclames ni dans le *Phare de la Loire*, ni dans l'*Union Bretonne*, ni à l'*Espérance du Peuple*, pour ne parler que de ceux-là; et ces réclames ne lui coûtaient qu'un abonnement annuel.

Aujourd'hui encore, il vit dans une atmosphère d'encens, qui me fait craindre pour ses vieux jours, car oncques ne fut en France d'idole plus enfumée.

Personne ne parlait de M. Livet, allons donc! On raconte que les anciens Gaulois, nos ancêtres, arrêtaient les voyageurs, pour leur demander des nouvelles des pays d'où ils venaient. M. Livet, de peur qu'on ne l'oubliât, était toujours aux aguets, dans ses heures de loisir, à la porte ou à la fenêtre de son établissement, pour mettre le grappin sur un passant sans défiance, plus ou moins de sa connaissance, et lui parler de sa maison, et finalement lui en faire subir la visite.

C'est à ce point qu'un grand industriel de Nantes nous racontait un jour, qu'il évitait de passer par la rue Sainte-Marie, de peur d'être de nouveau appréhendé au corps et condamné à une quatrième ou cinquième visite.

4° Aussi, cela nous a procuré un moment de douce gaieté, en lisant dans le *Phare* que ce pauvre homme *ne savait à qui s'adresser?* Jugez de son embarras : *Il n'osait aborder le Préfet ; il ne pouvait aller dans les journaux.*

En supposant que sa timidité allât jusque là, nous nous permettrons de lui demander quel besoin il avait du Préfet, puisqu'il était *instituteur libre.* A la rigueur on peut vivre et mourir, sans avoir, de sa vie durant, abordé un préfet.

Quant aux journaux, il n'avait pas besoin *d'y aller,* puisqu'il avait des agents d'affaire partout pour placer l'article. A *l'Espérance du Peuple,* c'était M. de Fourmont, commensal habituel de M. Livet et *sous-bibliothécaire* de la Ville, en plus, ami intime de M. Emerand de la Rochette. C'était M. de Fourmont qui était chargé du placement de l'article Livet à *l'Espérance du Peuple.*

5° M. Livet prétend *que les uns lui auraient reproché son cléricalisme, les autres l'auraient traité de franc-maçon.*

Dans les journaux, on ne lui aurait et on ne lui a jamais rien reproché du tout, puisque ses réclames recevaient partout bon accueil. Il n'y a pas jusqu'aux rédacteurs eux-mêmes, qui soignaient et chauffaient l'article.

En dehors des bureaux de rédaction des journaux, c'est différent, et M. Livet a été, en effet, plus d'une fois en butte à la contradiction. Mais à qui la faute si, au sujet de ses opinions religieuses, M. Livet est toujours resté à l'état d'énigme ou d'équivoque ?

Ceux qui lui reprochent son *cléricalisme*, ont raison, puisque, autrefois, il était dans les meilleurs termes avec le saint curé Fresneau, et, a-t-on dit — *horresco referens !* — confrère de Saint-Vincent-de-Paul, mais ce dernier point, nous ne pourrions le garantir.

Ce qu'il y a de certain, c'est que le clergé de Notre-Dame a beaucoup fait *autrefois* pour sa maison et que maintenant encore, il a un prêtre pour *professeur*, qu'il va régulièrement à la messe le dimanche, à sa paroisse de Notre-Dame, porteur de son *eucologe*, qu'il lit dévotement.

Parfois même, animé d'une sainte ferveur, il transporte sa personne et son livre de prières jusqu'à la Cathédrale de Saint-Pierre, où il fait l'édification des fidèles, etc.

N'est-ce pas plus qu'il n'en faut pour être traité de *clérical*.

Ceux qui lui reprochent son *franc-maçonnisme* — vrai ou prétendu — sont aussi très excusables. Ils connaissent les proverbes : *Qui se ressemble, s'assemble,* ou *dis-moi qui tu fréquentes, je te dirai qui tu es*, et les lui appliquent, à tort ou à raison.

Or, ne l'avons-nous pas entendu, dans une réunion nombreuse, proclamer le frère .·. Alfred Riom *le plus glorieux de ses anciens élèves ;* ne l'entendons-nous pas geindre, à tout propos, *sur le tort que lui font les écoles congréganistes*, comme si l'enseignement était son domaine privé, où nul autre que lui et les siens n'ont le droit de pénétrer ; lorsqu'on l'a entendu discourir et être l'objet de toasts à la réunion de clôture de la *Ligue maçonnique de l'Enseignement*, fondée par le zélé frère .·. Jean Macé, aujourd'hui défunt ; lorsqu'il s'est oublié, lui d'ordinaire si dissimulé, jusqu'à rappeler dans son discours de *cinquantaine*, qu'en l'année 1846 et suivantes, il avait à sa table *un vieux prêtre, qui puisait ses inspirations dans une bouteille d'eau-de-vie.*

Et tout cela sans que rien l'obligeât de le faire.

En présence de pareils faits si contradictoires, quelle conclusion tirer ? La seule qui nous paraîtrait logique, c'est que M. Livet est un *clérical franc-maçon* ou un *franc-maçon clérical*, si ces deux mots ne hurlaient pas d'être accouplés ensemble !

Cela étant, nous ne tirerons aucune conclusion, ne voulant parler que de ce que nous savons pertinemment.

Mais *M. Livet veut la liberté pour tous !* C'est bien charmant à lui, mais cette échappatoire ne saurait dispenser d'une explication catégorique. On demande bien aux autres ce qu'ils sont, *politiquement* et *religieusement*. Pourquoi ne le demanderait-on pas à M. Livet, à la veille de devenir un fonctionnaire de l'Etat ? Il ne s'agit pas de rester jusqu'à la mort à l'état de sphinx.

En réalité, M. Livet, qu'êtes-vous, en politique et en religion ? Etes-vous chair ou poisson, oiseau ou chauve-souris?

Avez-vous fait votre choix entre Socrate et Jésus-Christ ?

C'est le moment de vous prononcer : *Mieux vaut tard que jamais.*

*
* *

Dans ce petit travail sur la *Maison Livet* et le *Maire Riom*, nous avions tout d'abord l'intention de nous arrêter au pied de la roche Tarpéïenne, où, précipité par des électeurs ingrats, nous avons vu notre pauvre maire gisant.

Mais, réflexions faites, poussé par la curiosité, nous avons voulu aller plus loin, et assister aux mémorables fêtes du *Buste*, de la *Plaque* et, enfin, du *Banquet de cinquantaine.*

C'était peut-être pousser trop loin l'indiscrétion, mais nous n'avons pu nous en défendre. Bien nous en a pris, pour notre édification ! Cela nous a permis de recueillir les curieux renseignements, qui découlaient comme de source des lèvres de tous les orateurs, sans exception. C'était véritablement un tournoi d'éloquence, où l'émulation était si grande, que c'était à qui l'emporterait sur son voisin. Le sujet du concours était naturellement : *Le bel Etablissement et nécessité de l'acheter au plus vite,* sans quoi des voisins jaloux pourraient nous l'enlever.

Tous ont débité de si belles et si bonnes choses, et en un si beau langage, que nous en sommes encore tout ébaubi, si bien que nous serions fort embarrassé à qui décerner la palme ?

Quel que soit le vainqueur — ce qui nous importe peu — nous n'avons pas regretté notre indiscrétion, car si nous n'avions connu les choses que par ouï-dire, nous serions désolé, et d'avoir laissé échapper une si belle occasion de nous instruire, et imposé une pareille mortification à notre passion de connaître le *beau*, le *vrai* et le *bien*.

Dans notre *Avant-propos*, nous avons averti que nous nous proposions un double but :

1° De montrer à nos lecteurs ce qu'il a fallu de machinations, de réclames, de trucs pour arriver à faire comprendre à des hommes, à la tête dure et à l'esprit borné, que si la Maison de la rue Sainte-Marie n'était pas achetée par la Ville ou par l'Etat, c'en était fait de Nantes, qui perdrait son titre de ville de premier ordre, pour descendre au rang de ville de dixième ordre, quelque chose comme un petit Carpentras ; 2° de faire voir la prodigieuse quantité d'encens qu'il faut dépenser, pour arriver à faire passer un homme, si haut qu'il soit, de l'état d'humanité à l'état de divinité. Ce double but, nous pensons l'avoir atteint.

Maintenant, c'est à la Chambre des Députés et au Sénat de décider si Nantes doit déchoir ou conserver son rang.

M. Livet avait tout d'abord demandé 600.000 francs de son Etablissement.

Il consent aujourd'hui à le céder à l'Etat, terrain, bâtiments, mobilier et matériel scolaire, pour la somme de 440.390 francs.

La part de l'Etat dans l'acquisition serait, frais compris, 306.000 francs, et la part de Nantes, si notre Ville payait comptant au Trésor, 134.390 francs. Mais elle demande à se procurer cette somme au moyen d'un emprunt contracté au taux de 3 francs 75 et remboursable en 30 annuités. — Chaque annuité serait d'après nos calculs, à 1 centime près, de 7537,62. Par le fait, la Ville donnera en 30 ans une somme à 7537,62 × 30 = 226.128 francs 60 et l'Etat 306.000 francs; en tout donc, il en coûtera pour l'achat 532.128 francs 60, et avec 200.000 francs au moins de réparations à faire, 732.128 francs 60.

C'est un joli chiffre pour un établissement, dont la Ville et l'Etat pourraient se passer, mais c'est une fantaisie à satisfaire. Les choses plus pressées attendront.

Un dernier mot. Il est possible que quelques personnes se hasardent à faire la supposition que nous n'avons repris la plume que pour satisfaire une basse rancune.

Nous répondrons, et nous prouverons au besoin, que nous n'avons aucun sujet de rancune personnelle contre M. Livet, et que si nous avions eu l'âme rancunière, nous ne serions pas resté 17 ans sans mot dire.

Ne nous est-il pas permis, comme à tout autre, de soutenir que, dans une Ville qui avait 21 millions de dettes, à l'époque où M. Riom a revêtu l'écharpe, et qui a des besoins urgents à satisfaire, l'achat d'une maison, indifférente à la plus grande partie de la population, est chose inutile.

Ce n'est pas non plus un crime que de rire du culte de *latrie*, que les plus fervents disciples de M. Livet rendent à leur ancien maître, et ce ne sera un crime de *lèse-majesté divine* qu'à partir du jour où la *Liveto-latrie* sera mise au nombre des cultes reconnus par l'Etat, culte dont le *glorieux* frère. . Riom sera naturellement le grand Pontife.

Nous n'avons pas fait autre chose, donc il n'y a pas matière à récrimination.

Si l'on ne cherchait pas à faire un dieu d'un homme, qui ne sort de l'ordinaire que par sa témérité, sa présomption et sa dissimulation; si, en même temps, notre pauvre maire ne s'était pas entêté à faire cadeau à la Ville d'un établissement, dont les quatre-vingt-dix-neuf centièmes de la population se seraient fort bien passés, nous ne nous serions pas plus occupé du *cher élève* et du *cher maître* que du Grand-Turc et de son *muphti*.

P.-S. — Encore un mot, qui sera décidément celui de la fin.

Explique qui pourra cette singulière anomalie : Supposez que M. Livet eût été instituteur public, il y a une vingtaine d'années qu'il aurait été mis à la retraite et forcé de se contenter de la portion congrue, que l'Etat sert aux vieux serviteurs de l'enseignement public.

Mais M. Livet a été instituteur libre, pendant les 51 dernières années de sa vie; il a joui pendant 51 ans des bénéfices de la liberté, et à cet âge assez mûr, il aspire à devenir un nourrisson de l'Etat, auquel nourrisson on n'épargnerait ni le lait, ni le miel, puisque, en plus de ses petits bénéfices de marchand de soupe, il jouirait d'un fort beau traitement.

C'est bien le cas de dire : Il a attendu longtemps, mais il n'a pas perdu pour attendre !

Tout est bien qui finit bien, dit-on, mais nous avons craint que M. Livet n'éprouvât le sort de la grenouille, qui voulait égaler le bœuf en grosseur.

Car lui aussi, petit bourgeois, possesseur de mille francs d'emprunt,

A voulu bâtir comme un grand seigneur.

www.ingramcontent.com/pod-product-compliance
Ingram Content Group UK Ltd.
Pitfield, Milton Keynes, MK11 3LW, UK
UKHW020955230726
13923UKWH00007B/409

9 782019 673581